Bernhard Kathan
Strick, Badeanzug, Besamungsset

Bernhard Kathan

STRICK

BADEANZUG

BESAMUNGSSET

Nachruf auf die
kleinbäuerliche Kultur

StudienVerlag

Innsbruck
Wien
Bozen

Gedruckt mit Unterstützung durch das Bundesministerium
für Bildung, Wissenschaft und Kultur, Wien, sowie die
Kulturabteilung des Landes Tirol.

© 2006
by Studienverlag Ges.m.b.H.
Erlerstraße 10, A-6020 Innsbruck
E-Mail: order@studienverlag.at
Internet: www.studienverlag.at

Buchgestaltung nach Entwürfen von Kurt Höretzeder
Satz: Studienverlag/Stefan Rasberger
Umschlag: Kurt Höretzeder

Gedruckt auf umweltfreundlichem,
chlor- und säurefrei gebleichtem Papier.

Bibliografische Information Der Deutschen Bibliothek
Die Deutsche Bibliothek verzeichnet diese Publikation in der Deutschen
Nationalbibliografie; detaillierte bibliografische Daten sind im Internet
über <http://dnb.ddb.de> abrufbar.

ISBN-10: 3-7065-4197-1
ISBN-13: 978-3-7065-4197-8

»Knapp drei Kilometer außerhalb der Ortschaft ließ mein Vater ein Haus bauen, das wir Las Torres nannten. Zweimal die Woche fuhr die gesamte Familie in zwei offenen Pferdewagen dorthin. Auf diesen Fahrten stieß unsere ausgelassene Gesellschaft immer wieder auf unterernährte, in Lumpen gekleidete Kinder, die hinter uns die Pferdeäpfel aufsammelten, mit denen ihre Väter die Äcker düngten. Hätte ich zu diesen Menschen gehört, die die Erde mit Schweiß bewässerten und Pferdeäpfel aufsammelten, wie sähen meine Erinnerungen an jene Tage aus?«

Luis Buñuel

Der Strick, meist aus Hanfschnüren gefertigt, war eines der Universalwerkzeuge der kleinbäuerlichen Kultur. Er diente dazu, Heu und Holz zusammenzuschnüren, Kälber und Kühe ans Halfter zu nehmen, Leitern oder andere Gegenstände festzubinden, manchmal auch dazu, Kinder zu schlagen. Mit Hilfe des Kälberstricks wurde das schwere Kalb zur Welt gebracht. Mit Hilfe von Stricken wurde das gestochene Schwein an den zwei Deckenringen der Waschküche befestigt. Mit Stricken senkte man den Sarg ins offene Grab. Ein guter Strick lag in der Hand. Erst nach oftmaligem Gebrauch wurde er wirklich fügsam, geschmeidig durch den Schweiß der Hände, das Blut und Fett der Tiere. Der Strick hielt die Welt in naher Entfernung, aber doch auf Distanz. Er verband Mensch und Tier, fügte sie zusammen wie er sie auch trennte. Der seines Lebens Überdrüssige erhängte sich an einem Strick. Den Selbstmördern wurde eine ordentliche Aufbahrung verweigert. Man verscharrte sie außerhalb des Friedhofs. Sie wurden »verlocht«, wie man sagte. Eine der Schwestern des Stricks war die Kette. Auch sie, wie der Strick einmal ein alltägliches Objekt, ist weitgehend verschwunden. Wir kennen Zurrleinen und Zurrbänder. Der moderne Mensch erhängt sich nur noch selten an Stricken. Wir springen von Hochhäusern oder Autobahnbrücken, schlucken Tabletten oder hoffen auf Sterbehilfe. Niemand wird heute noch außerhalb eines Friedhofes verscharrt. Gottesäcker gibt es auch keine mehr. Nicht weniger traurig.

In der kleinbäuerlichen Kultur war der Tod allgegenwärtig. Das totgeborene Kind, die Mutter, die im Kindbett starb, Kinder, die an heute harmlosen Erkrankungen starben, Männer, die von Bäumen erschlagen, von Fuhrwerken erdrückt wurden, die nach Verletzungen mit Äxten oder anderen Werkzeugen verbluteten, Menschen, die sich in ihrer Verzweiflung das Leben nahmen. Oft schien sich das Unglück anzukündigen. Schrie das Käuzchen nachts im nahen Kirschbaum, so hieß es, jemand werde bald sterben. Sterbende konnten sich an weit entfernten Orten durch Klopf- oder Knarrgeräusche, aber auch durch andere Zeichen bemerkbar machen. Öffnete sich die Tür ohne Grund, so glaubte man, ein Sterbender habe sich mitgeteilt.

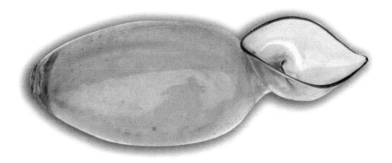

Manche Stube kannte den Geruch nach Inkontinenz. Kranke, Sieche und Alte lagen in der Stube, in jenem Raum also, der das kommunikative Herz des Hauses bildete. Es gab auch Küchen, denen diese Funktion zukam. Im Gegensatz zu heutigen Häusern und Wohnungen handelte es sich um halböffentliche Räume, für Außenstehende meist leicht zugänglich. Oft drängten sich Menschen in ihnen, besonders an Sonntagen. Es wurde getratscht, verhandelt. Manche der Anwesenden suchten nur Geselligkeit. Lag in der Stube ein Kranker, so störte das niemand. Es wurde selbst gesungen. Die Kranken lagen hier, weil die Stube neben der Küche meist der einzig beheizbare Raum war. Im Halbschlaf konnten sie dem Stimmengewirr lauschen. Sie konnten aber auch mit starrenden Augen das Geschehen verfolgen. Tolstoi hat in seiner Erzählung *Drei Tode* diesen Umgang mit Kranken und Sterbenden eindringlich beschrieben. Auf dem Ofen einer überfüllten Stube liegt ein sterbender Alter. Kaum jemand scheint seine Anwesenheit zu beachten, mag ihn auch noch so ein heftiger Husten plagen. Freilich konnte der Lärm in der Stube Kranken auch zur Qual werden. Manchmal dürften ihnen die hier gesungenen Lieder unerträglich gewesen sein.

Armut prägte die kleinbäuerliche Kultur. Und dennoch machte sie die Alten nicht würdelos. Alte Menschen hatten in ihr Platz, mochte man sie manchmal auch schlecht behandeln. Ihnen wurde räumliche Präsenz zugestanden, sie konnten ihren nachlassenden Kräften entsprechend Arbeiten verrichten, die sie notwendig und sinnvoll fanden. In Metaphern, die das Alter betreffen, verglichen die Bauern dieses mit Werkzeugen, die sie gebrauchten. Als alt galt jemand, der wie das Holz von Trögen oder Fässern jede Spannkraft verloren hatte. Wie solche Fässer Wasser nicht mehr so halten vermögen, so schien die Lebenskraft dem Körper zu entschwinden. Man sagte nicht, jemand werde alt, sondern er hätte »geabend«. Damit war bereits gesagt, dass der Betreffende wohl bald sterben werde. So selbstverständlich wie der Tag am Abend mit einbrechender Dunkelheit zu Ende geht, so selbstverständlich schien auch das Leben zu enden. Es wurde nicht geleugnet, dass das Leben ständig bedroht, endlich ist. War jemand verwirrt, so sagte man nicht, er leide an »Alzheimer«, sondern »er ist nicht mehr ganz beim Zeug«, also der Welt und den Dingen bereits entrückt.

Wir sind davon verschont, in Stuben von Augen Todkranker angestarrt zu werden. Dafür lässt unsere Welt alten Menschen nur noch wenig Platz. Oft verschwinden sie in Alten- oder Pflegeheimen, finden sich unter zufällig zusammengewürfelten Alten und werden von Menschen gepflegt, mit denen sie nichts verbindet. Oftmals verstehen sie nicht einmal deren Sprache. Sie leben an Orten, an denen sie selbst Gegenstand von Arbeit sind, sie selbst aber keine Aufgabe mehr haben. Mag es noch so viele schön formulierte Pflegestandards geben, heutige Alte werden ähnlich wie Nutztiere in großen Betrieben bewirtschaftet.

Täglich betete man um eine »glückselige Sterbestunde«. Ein plötzlicher Tod, ein friedliches Einschlafen war damit jedoch nicht gemeint. Die Menschen hofften, versehen mit den Sterbesakramenten und anderen Tröstungen der Kirche aus dieser Welt zu scheiden. In jedem Haus gab es Sterbeutensilien, die an einem bestimmten Platz aufbewahrt wurden. Diese wurden bereits benötigt, kam der Pfarrer, um dem Kranken die letzte Ölung zu geben. Dabei wurde auf einen Tisch ein großes weißes Tischtuch, auf dieses dann, kreuzförmig versetzt, ein kleineres gelegt. Ein weißes Tüchlein musste an der für das Hostiengefäß vorgesehenen Stelle liegen. Auf dem Tisch sollte ein Kreuz mit zwei Kerzen stehen, weiters Weihwasser, ein Schüsselchen mit Salz und ein Teller mit Watte, damit sich der Pfarrer nach der Salbung seine Finger reinigen konnte. Tote wurden im Haus aufgebahrt. Besucher kamen, um Totenwache zu halten, zu beten, und besonders dann, wenn ein Kind oder ein Mädchen aufgebahrt war, den Anblick zu bewundern. Es blieb wenig Raum für eine individuelle Ausgestaltung der Aufbahrung oder des Begräbnisses. Handelte es sich bei der Toten um eine verheiratete Frau, wäre es undenkbar gewesen, sie mit offenen Haaren zu zeigen. Alles hatte seinen Platz und seine Bedeutung. Dem Toten wurde ein Handkreuz und ein Rosenkranz in die gefalteten Hände gegeben. Während er mit dem Rosenkranz begraben wurde, wurde das Handkreuz wieder mit den restlichen Sterbeutensilien verwahrt. Längst ist es auch in bäuerlichen Häusern selten geworden, dass Kranke zuhause sterben, noch seltener, dass sie in der Stube aufgebahrt werden und Angehörige und Nachbarn am offenen Sarg Totenwache halten. Wenngleich die Anteilnahme am Leben anderer in den Dörfern nach wie vor ausgeprägter ist als in den Städten, so ist doch nicht zu übersehen, dass auch hier wechselseitige Abhängigkeiten und Verpflichtungen an Bedeutung verloren haben. An die Stelle tradierter Todesvorstellungen sind Erklärungen der Medizin und Psychologie getreten. Die Menschen hoffen nicht länger auf eine »glückselige Sterbestunde«, sondern darauf, sanft zu entschlummern. Begräbnisse werden zunehmend zu einer Familienangelegenheit. Hat sich die Stube einmal zum Privatraum gewandelt, dann kann sie nicht länger ein Ort sein, an dem Verstorbene aufgebahrt werden. Ändern sich die Bedeutungen der Räume, dann wird das Ritual brüchig. Heute erlaubt es die Kühltechnologie, die Beerdigung Tage hinauszuzögern und Terminwünschen oder anderen Interessen entsprechend festzusetzen. Auch dies trug dazu bei, den tradierten Umgang mit den Toten auszuhöhlen. Wird jemand erst zwei Wochen nach seinem Tod beerdigt, dann haben sich die Affektspitzen ohnehin merklich abgekühlt.

Purgatorium.

Die Lebenden und die Toten standen in einem vitalen Verhältnis zueinander. Vielleicht fand das Verhältnis zu den Toten seinen deutlichsten
Ausdruck in den Vorstellungen von den armen Seelen. Die Amtskirche
begegnete den armen Seelen meist mit einem gewissen Unbehagen,
vermutete sie doch schnell abergläubische Praktiken, die nichts mit der
Heiligen Schrift zu tun haben. Während man zu Heiligen beten konnte,
etwa zum Heiligen Antonius, wenn man etwas verloren hatte, zur Heiligen Apolonia bei Zahnschmerzen, zum Heiligen Ignatius während
der Schwangerschaft oder zur Heiligen Barbara, wenn es um den Tod
ging, so betete man <u>für</u> die armen Seelen. Man opferte ihnen eigenes
Leiden, eigene Schmerzen auf, um so die Qualen ihres Purgatoriums zu
lindern und ihren Aufenthalt im Fegefeuer (in welcher Zeit gemessen?)
zu verkürzen. Wie in einem System kommunizierender Gefäße war
so die Welt der Lebenden mit jener der Toten verknüpft. Zu Gott und
seinen Heiligen konnte man beten, nie jedoch in ein Tauschverhältnis
treten. Von Gott musste man erhört werden. Gegenüber den armen
Seelen bestand jedoch ein Tauschverhältnis. Fürbitte gegen Hilfe.
Die armen Seelen wurden in das Gebet aufgenommen, damit beim
Verkauf einer Kuh ein guter Preis erzielt werde, sich bei einem Schwein
die Nachgeburt löse, sich ein böses Schwein, welches die frisch gewor-
fenen Ferkel totbeißt, beruhige, eine Kuh wieder aufnehme, damit der
Blitz nicht eine von drei Kühen erschlage, beim Umsägen einer Tanne
diese nicht auf die Männer falle, der Winter nicht zu lange dauere, der
Hagel die kleinen Gärten oder das Obst nicht verheere, sich das Heu
nicht selbst entzünde, das Haus nicht abbrenne, der Wagen nicht in

die Tiefe stürze, die Kranken nicht dahinsiechen oder von ihrem Leiden erlöst und die Stube leer würde, der Preis für das Schweinefleisch nicht noch mehr sinke oder verlegte Gegenstände wieder gefunden würden, eine Erbschaftsgeschichte gut ausgehe, während der Heuarbeit, dass kein Regen komme, in Zeiten großer Trockenheit, dass es endlich regnen möge, ein Streit beigelegt werde oder das Kind in der Schule gute Noten habe. An die armen Seelen konnte man sich wenden, wussten diese doch vom kärglichen und schweren Leben.

Verstorbene Angehörige konnte man um nichts bitten. Sie, deren Lebensspuren allgegenwärtig waren, mussten auf Distanz gehalten werden. Tote galten als bedrohlich, gefräßig, verschlingend, sie konnten störend in das Schicksal der Lebenden eingreifen. Sie sollten befriedet sein, nicht mehr zurückkehren. Viele Geräte wurden schon seit Generationen verwendet, Wiesen und Felder wurden einmal von Menschen bewirtschaftet, die längst gestorben waren. Mistgabeln und Hacken waren an manchen Stellen ganz glatt und abgegriffen. Wer immer solche Geräte verwendete, bezog sich, auch wenn ihm dies letztlich nicht unbedingt bewusst sein musste, auf etwas, was bereits andere vor ihm gemacht hatten. Den Kindern konnte man etwas erklären, indem man sagte, das habe die Großmutter oder der Großvater so gemacht. Man durfte einen bestimmten Acker nicht verkaufen. Man musste mit den Kühen richtig umgehen. Man konnte sich nicht einfach mit Menschen versöhnen, die mit dem Vater oder Großvater in ständigem Streit lagen. Es waren Fenstergeschichten. Diesseits und jenseits. Auf das Fensterbrett wurden bei bestimmten Anlässen nicht nur brennende Kerzen gestellt, sondern auch Nahrungsmittel wie Milch. Auch das Seelenloch, die Austrittspforte der Verstorbenen, ist ein kleines, verschließbares Fenster, ein Windloch. Ein Schließmuskel des Hauses, der verschlossen wurde, hatten die Seelen (wann gab es diesbezügliche Gewissheit?) das Haus verlassen. Bretter wurden ausgelegt, um Tote hinüberzutragen. Die Bretter wurden wieder entfernt, um den Toten jede Rückkehr unmöglich zu machen.

Für die armen Seelen fällt mir kein Ort ein, an dem sie sich heute noch aufzuhalten vermöchten. Das ehemals jenseitige Purgatorium praktizieren wir längst im Diesseits. Heute gibt es keine armen Seelen mehr. Ich bin aber sicher, dass es die armen Seelen einmal gab, und dass sie wirklich helfend in das Leben der Menschen eingriffen. Auch glaube ich, dass es in China einmal Füchse gab, die sich in Menschen verwandeln konnten, in schöne Mädchen etwa, die sich nachts in das Schlafgemach eines Mannes schlichen, um sich mit ihm und an ihm zu ergötzen. Vielleicht finden sich in China noch einige dieser Fuchsfrauen, viele werden es aber auch nicht mehr sein.

Bohnensalat, angemacht mit frisch geschnittenen Zwiebeln, etwas
Essig und Öl, manchmal bestreut mit gerade gepflücktem Bohnen-
kraut, welches dem Ganzen die nötige Schärfe verlieh. Eingemachte
Bohnen. Während des Winters dicke Bohnensuppe mit Gerste, darin
etwas Fleisch aus der Selchkammer, etwa der gepökelte und leicht
geräucherte Schwanz eines Schweines, den der Metzger im Wissen um
die Zubereitung mit dem Ansatzstück herausschnitt. Bohnen bildeten
einmal eine wichtige Eiweißreserve für den Winter. Noch in den 50er
Jahren des letzten Jahrhunderts gab es kaum einen kleinen Bauern,
der nicht einen Bohnenacker gehabt hätte. Zumindest in Vorarlberg
wird diese Tradition heute noch von türkischen Familien aufrechterhalten. In einem Höfemuseum darf der Bauerngarten nicht fehlen. Ein
Bohnenacker ist jedoch nie zu sehen. Dabei spielte der Acker für die
Ernährung eine entscheidende Rolle. Hier wuchsen nicht nur Busch-
oder Stangenbohnen, sondern vor allem Kartoffeln und Kraut. Solche
Äcker befanden sich oft außerhalb der Dörfer. Da die Böden rasch
ausgelaugt waren, musste nach wenigen Jahren ein anderes Feld umge-
graben werden. Hier wurden nur Pflanzen gesetzt oder gesteckt, die
ohne tägliches Gießen gediehen. Den Garten tränkte man, den Acker
nicht. Salat, Petersilie und vieles andere waren deshalb dem Garten
zugeordnet, weil es die Arbeitsökonomie nicht erlaubt hätte, während
des Kochens, welches oft unter großer Eile geschah, den manchmal
weiten Weg in den Acker zu machen. Da die Äcker in der Regel nicht
umzäunt waren, musste auch an das Wild gedacht werden, zumal in

Zeiten, in denen nachts selbst die Gärten in den Dörfern nicht sicher vor Rehen und Hirschen waren. Die Gärten waren meist umzäunt, auch grenzten sie an das Haus. Im Gegensatz zum Garten sind dem Acker nur einjährige Pflanzen zugeordnet. Während im Frühjahr in den Gärten Pfingstrosen, Iris, das tränenende Herz, Schnittlauch, Petersilie, Liebstöckel und viele andere Pflanzen ihre ersten Triebe zeigten, lag der Acker noch brach. Die Zwiebel konnte sich wie einige andere Gewächse da wie dort finden. Blumen gehörten zum Garten wie dieser auch in den Zuständigkeitsbereich der Frau fiel. Auf Letzteres bezogen war der Acker indifferent. Auch Männer konnten Bohnen stecken und häufeln.

In Gottfried Kellers *Der grüne Heinrich* verkriecht sich das traurige Meretlein im Bohnengestrüpp, worauf der Pfarrer, in dessen Obhut man es gab, seine Schrotflinte nicht mehr benützen kann, um die Vögel zu vertreiben. Zwar nicht im Acker, aber doch beim Enthülsen der auf dem Tisch aufgetürmten Bohnen kommt es zur ersten Berührung zwischen Heinrich und Anna. Henry David Thoreau verdanken wir einen der wenigen literarischen Texte, in denen es um einen Bohnenacker geht. Er versuchte zu zeigen, dass man sich trotz Müßiggangs zu ernähren vermag. Vom Wesen eines Bohnenackers verstand er jedoch wenig. Während er einzig an den Eiweißvorrat für den kommenden Winter dachte (er musste weder Kinder noch alte Menschen ernähren und hatte auch jederzeit die Möglichkeit, sollte das Experiment scheitern, sich in der naheliegenden Stadt die nötigen Lebensmittel zu kaufen), waren Bohnen für kleine Bauern überzeitlich besetzt. Man begreift solche Äcker nicht, denkt man nur an die in einem Jahr anfallenden Tätigkeiten oder Erträge.

Es waren nicht irgendwelche Bohnen, sondern das Ergebnis jahrhundertelanger Auswahl. Immer galt es auch abzuzweigen (und zwar die schönsten Bohnen), an das im kommenden Frühjahr notwendige Saatgut zu denken. So fand sich eine Klammer zwischen dem, was vergangen war und dem, was erst kommen sollte. Bohnen waren nicht allein durch ihre Erscheinung, durch ihre genetische Struktur, also ihre Ertrags- und Widerstandsfähigkeit gegen Nässe oder Trockenheit, gegen Insekten oder Pilze definiert. Man wusste um ihre Geschichtlichkeit. Mit den Samen war man mit den Ahnen ebenso verbunden wie mit künftigen Generationen.

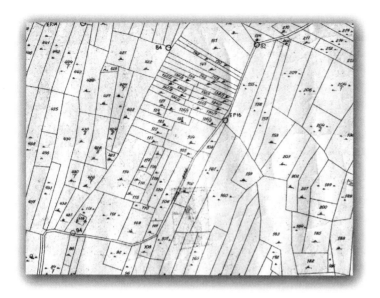

In den achtziger Jahren fanden sich in der Boulevardpresse wiederholt
Berichte, die von Bauern handelten, die Kühe, Schweine oder Schafe verhungern ließen. Einer dieser Berichte handelt von der damals
51-jährigen Bäuerin Magdalena, deren Bruder seltsame Vorgänge auf
dem Hof beobachtete. Er soll gesehen haben, wie seine Schwester einen
toten Stier mit dem Traktor aus dem Stall zog und unter Strohballen
verscharrte. Er alarmierte den Bürgermeister und dem Amtstierarzt.
Als diese die Stalltüren geöffnet hätten, soll sich ihnen ein Bild des
Grauens geboten haben. Neun Rinder seien auf so hohen Mistbergen
gestanden, dass sie bereits die Decke berührt hätten. Ihre Ketten seien
bis auf die Wirbelsäule eingewachsen gewesen. Als man den Stall gesäu-
bert habe, seien die Kadaver von weiteren 13 Tieren entdeckt worden.

Man muss sich die Bäuerin vorstellen, die mit ihrem Traktor einen
toten Stier aus dem Stall zieht, um ihn dann unter Strohballen zu »verscharren«, also zu verstecken. Zum Verschwinden bringt nur der etwas,
der sich schämt, schuldig fühlt oder Angst empfindet. Offensichtlich
sind die Lebensentwürfe und Lebensperspektiven dieser Frau gescheitert. Mehrfach findet sich in solchen Berichten das Bild von zugena-
gelten Stalltüren oder Fenstern. Dann müssen die Gendarmen durch
ein aufgebrochenes Stallfenster in den Stall einsteigen, um die Tür von
innen zu öffnen. Im Inneren des Gebäudes macht sich ein »fürchter-
licher Fäulnisgestank« breit. Offensichtlich ist die sensible Balance
gegenseitigen Austauschs, den gerade die bäuerliche Kultur kennt,
aus den Fugen geraten. Dieser bezieht sich nicht nur auf das Verhältnis zu den Tieren, sondern auch auf das zu den Mitmenschen. In der

erwähnten Geschichte leiden nicht nur die Tiere Mangel, an Mangel leidet vor allem die Frau; Mangel an Gegenrede oder Wahrnehmung ihrer Lebensbedingungen durch andere. Die kleinbäuerliche Kultur kennt den sorgsamen Umgang mit Ressourcen. Tiere, also die eigene Lebensgrundlage verkommen zu lassen, ist nur in Zeiten großer Not denkbar. Bei den damals in der Boulevardpresse behaupteten Tiertragödien handelte es sich um Familientragödien. In nahezu all diesen Geschichten ging es um Konflikte der Hofübergabe, um den Widerspruch zwischen elterlichen Erwartungen und den Autonomiewünschen ihrer Kinder, um Väter, die den Hof nicht an längst erwachsene Söhne übergeben wollten oder die sich den von ihren Söhnen angestrebten Umstrukturierungen widersetzten, um Eltern, die Söhne zwangen, Bauer zu werden. Es gab Jungbauern, die Automechaniker wurden und ihre Väter allein auf dem neu gebauten Hof zurückließen. Es gab große und kleine Fluchten, manchmal gewalttätige Ausbruchsversuche. Solche Dramen konnten mit der Einweisung des Aufbegehrenden in eine psychiatrische Anstalt enden. Zwar gab es bereits in den sechziger Jahren Berichte über Bauern, die ihre Kühe verhungern ließen, die meisten finden sich allerdings in den späten achtziger Jahren. Dies dokumentiert in deutlicher Form die enormen sozialen Kosten der Umstrukturierung der Landwirtschaft. Der radikale Wandel der bäuerlichen Produktionsweisen hat die traditionellen Formen der Hofübergabe in Frage gestellt. Betriebswirtschaftliche Anforderungen wie Autonomiewünsche standen in einem grundlegenden Widerspruch zu den Verpflichtungen den Vorfahren wie kommenden Generationen gegenüber. Die kleinbäuerliche Kultur hat über Jahrhunderte gelernt, sich im Mangel oder ständig drohenden Katastrophen einzurichten. Für Autonomiewünsche konnte es da weder Verständnis noch Raum geben. Heutige Jungbauern haben es diesbezüglich leichter. Kürzlich sah ich einen Bauernburschen bei der Heuarbeit. Sein Bauchnabel war von einem üppigen Blumentattoo umrandet.

Eine Welt wechselseitiger Abhängigkeiten bedarf vielfältigster Markie-
rungen, um das Eigene vom Fremden zu scheiden. Werkzeuge wurden
mit Brandeisen, die die Initialen ihres Besitzers trugen, gezeichnet: AK,
OM, EN etc. Das Brandeisen löste Kerbzeichen ab, die nicht einer Person,
sondern einem Haus zugeordnet waren. Etwa: $\overline{\overline{=}}$. Solche Zeichen
sollten dem Diebstahl vorbeugen. In einer so armen Welt gab es wenig
zu stehlen. Wurde dennoch etwas gestohlen, tauchte es meist schon
kurze Zeit später wieder auf. Es bedurfte nicht unbedingt eines Zei-
chens mit dem Brandeisen. Jedes Werkzeug, wurde es länger gebraucht,
zeigte unverwechselbare Spuren, die sich eindeutig zuordnen ließen.
Der als Dieb entlarvte wurde geächtet und der Lächerlichkeit preisgegeben. Brandzeichen dienten weniger dazu, dem Diebstahl vorzubeu-
gen, als symbolisch in einer kargen Welt das Eigene zu behaupten. Das
Brandzeichen war auch Bestätigung einer erfolgten Hofübernahme.
So lange es keine Traktoren und Autos gab, ließ man Werkzeuge oft
über Nacht auf den Feldern oder auch dort im Wald, wo man gerade
mit Arbeit beschäftigt war. Es galt, jeden unnötigen Energieaufwand
zu vermeiden, also nicht mehr als unbedingt notwendig zu tragen. Das
prominenteste unter all diesen Zeichen ist der Grenzstein. Im Gegensatz
zum Brandzeichen setzt der Grenzstein eine Verständigung unterschiedlicher Besitzer voraus. Er bezeichnet weniger das Eigentum als die Trenn-
linie zwischen eigenem und fremdem Besitz oder Verfügungsrecht.

Besaßen Bauern nur so wenig Grund, dass es ihnen gerade möglich
war, eine Familie zu ernähren, dann war es notwendig, jeden noch so
kleinen Flecken zu mähen. Verständlicherweise kam es immer wieder
zu Grenzstreitigkeiten wie zu Auseinandersetzungen um Wegerechte.

Nachbarn konnten sich beklagen, die Eschen an der Grundstücksgrenze würden Schatten werfen, den ohnehin kargen Boden auslaugen. Es kam vor, dass Wurzeln und Äste von Bäumen, die über Grundstücksgrenzen hinwegwuchsen, vom Nachbarn abgehackt wurden. Mochte dies auch Streit zur Folge haben, so wurde es doch toleriert. Dagegen war das heimliche Versetzen von Grenzsteinen kaum denkbar. Zu groß war die Gefahr dabei ertappt zu werden. Auch drohten dem Grenzfrevler in jahrhundertelang tradierten Vorstellungen schreckliche Strafen. Man glaubte, dieser könne nicht sterben, bis er seinen Frevel wieder gut gemacht habe, seine Hände müssten aus dem Grab heraus wachsen oder er müsse nach dem Tod umgehen. Wohl kam es vor, dass jemand über Jahrzehnte hinweg, waren Grundstücksgrenzen zweifelhaft, die Grenzen eines Grundstücks zwar unmerklich, aber doch ausdehnte. Werden Grundstücke heute neu vermessen, dann zeigt es sich manchmal, dass die wirklichen Grenzen nicht mit den behaupteten übereinstimmen. In einer Welt so knapper Ressourcen zählte der Graubereich. Es ist eine Ermessensfrage wie schnell die Kühe, grasen sie auf dem Grundstück eines anderen, auf das eigene Feld zurückgetrieben werden. Eine Kuh kann in wenigen Minuten ziemlich viel fressen. Da gab es den Nachbarn, der jedesmal, wenn er das Vieh zum Brunnen führte, auf dem Rückweg ein Brennholzscheit vom Holzstoß seines Nachbarn nahm, um die Kühe anzutreiben. Zwei mal am Tag, und das 365-mal im Jahr, macht so und so viel. Nachbarn konnten solcher Dinge bezichtigt werden. Solche Unschärfen verlangten wieder nach Regeln, die es zu überwachen galt. Wie viel Vieh jemand auf die Alm auftreiben durfte, hing davon ab, wie viel Rinder und Kühe er durch den Winter zu füttern vermochte. Dies konnte von Mitgliedern des Almausschusses kontrolliert werden. Auch die Weideflächen der Almen waren knapp. Die einzig wirkliche Möglichkeit, den eigenen Besitz zumindest für eine Generation auszudehnen, fand sich in einer strategischen Heirat, die Heirat einer Frau also, die möglichst viele Grundstücke in die Ehe brachte.

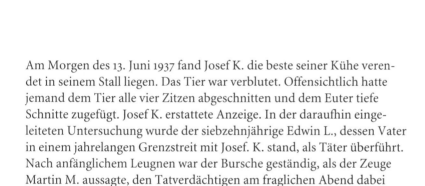

Am Morgen des 13. Juni 1937 fand Josef K. die beste seiner Kühe verendet in seinem Stall liegen. Das Tier war verblutet. Offensichtlich hatte
jemand dem Tier alle vier Zitzen abgeschnitten und dem Euter tiefe
Schnitte zugefügt. Josef K. erstattete Anzeige. In der daraufhin einge-
leiteten Untersuchung wurde der siebzehnjährige Edwin L., dessen Vater
in einem jahrelangen Grenzstreit mit Josef. K. stand, als Täter überführt.
Nach anfänglichem Leugnen war der Bursche geständig, als der Zeuge
Martin M. aussagte, den Tatverdächtigen am fraglichen Abend dabei
beobachtet zu haben, um das Anwesen des Josef K. geschlichen zu sein.
Aufgrund des noch jugendlichen Alters des geständigen Täters wie
bestehender Verwandtschaftsverhältnisse zwischen diesem und Josef
K. kam es zu einer außergerichtlichen Einigung. Der Vater des Täters
verpflichtete sich, dem Geschädigten ein trächtiges Rind zu überlassen.

In der bäuerlichen Kultur hat sich bis heute der Verdacht erhalten,
die Fülle des einen ginge auf Kosten des anderen. Viele für Außenstehende nur schwer nachzuvollziehende Handlungen und Gewohnheiten
zeugen davon. Ein wichtiges Werkzeug wie eine Sense oder der Zapfen
einer Anhängevorrichtung konnte verlegt werden. Die Steigerungsform
fand sich in der mutwilligen Sachbeschädigung oder im Diebstahl und
endete schließlich in seltenen Fällen bei der Verletzung oder Tötung von
Tieren. Nicht zufällig bezogen sich die meisten dieser Verletzungen auf
die Geschlechtsteile, auf Scheide, Euter oder Hoden. Auch der Bauch
eines Tieres lässt an Fortpflanzung denken. Unabhängig davon, ob
die Scheide einer Kuh oder ihr Euter verletzt wurde, die Hörner eines
Stieres abgesägt oder die Ohren einer Ziege abgeschnitten wurden,
es war immer ein Angriff auf eine Fülle, von der man annahm, einer
habe sich diese auf Kosten anderer angeeignet. Solche Delikte sind von
Mutproben junger Burschen nicht ganz, aber doch zu trennen. Bei

solchen Mutproben handelte es sich um wichtige Rituale des Erwach-
senwerdens. Auffallenderweise wurden sie mit erstaunlicher Nachsicht
behandelt. Aber es war auch eine Möglichkeit, Druck und Ärger in
einer Welt, in der alle in einem hohen Maß miteinander verflochten
waren, abzulassen. Es genügte, die Kühe in einem fremden Stall los-
zubinden, in fremde Stiefel oder gar in die Mostflasche eines anderen
zu urinieren, das Fass mit der Schotte auslaufen zu lassen, einige Ste-
her der frisch betonierten Decke der Jauchengrube herauszuschlagen,
Zucker in den Bezintank des Motormähers zu schütten, den Diesel des
Traktors oder die Luft aus den Reifen abzulassen, um anderen mehr
oder weniger große Unannehmlichkeiten zu bereiten. Mancherorts
durfte anlässlich einer Hochzeit den Bräutigam solches Ungemach
treffen, sei es, dass man einen Karren auf den Dachfirst stellte und mit
Mist füllte. Das Dorf wurde als ein System kommunizierender Gefäße
verstanden, in dem Gewinne jeweils konkrete Verluste anderer bedeuten. Die Braut, die der Bräutigam heimführt, ist für andere nicht mehr
zu haben, auch die Grundstücke, die sie in die Ehe einbringt, sind für
andere verloren. Symbolisch wird dies mit Hilfe des mit Mist beladenen
Karrens, der sich am falschen Ort befindet, zum Ausdruck gebracht.
Die Geschichte des Edwin L. zeigt noch etwas anderes. Wie das stille
Volk zu Plesse, von dem in einer der Grimm'schen Sagen die Rede ist,
ließ auch er seinen Zorn nicht an Menschen, sondern am Vieh aus.

Trotz aller Streitigkeiten um Grenzverläufe oder Wegerechte waren alle
in gemeinsame Vorhaben eingebunden. Wege oder Almhütten waren
zu bauen oder auszubessern, Wasserleitungen zu graben. Da Bargeld
knapp war, war jeder gezwungen, jährlich mehrere Tage »Fronarbeit« zu
leisten. Die kleinbäuerliche Kultur kannte die sensible Balance zwischen
den Interessen Einzelner und ihren Familien und jenen der anderen.
Dies zeigte sich in manchen Dörfern deutlich in den Besitzverhältnissen.
Neben Grundstücken in Privatbesitz fanden sich solche, die im Besitz der
Gemeinde oder der Bürger waren, dorfnahe Grundstücke, Almen oder
Wald. Grundstücke, die den Bürgern gemeinsam gehörten, wurden entsprechend den geltenden Statuten zugeteilt. Im Gegensatz zur Allmende
wurden diese Flächen nicht gemeinsam genutzt. Laut Statuten hatten
nur Bürger Anspruch. Bürger konnte nur sein, wer im Ort geboren war
und über einen eigenen Herd verfügte. Nutzungsrechte wurden dem
Erstgereihten jeweils dann zugesprochen, wenn Ansprüche auf eines
dieser Grundstücke durch Tod oder Ortswechsel verfielen. So wurde
versucht, das Abrutschen Einzelner in völlige Armut zu verhindern.
Eine besondere Bedeutung kam Losentscheidungen zu. Durch Los-

entscheid wurde etwa jedem jährlich eine bestimmte Holzmenge zugewiesen. Auch Almrechte konnten durch das Los entschieden werden. So getroffene Entscheidungen wurden in der Regel von allen anerkannt. Und wer sich im Nachteil sah, konnte hoffen, beim nächsten Mal mehr Glück zu haben. Los meint ja auch Schicksal, das Zugeteilte ebenso wie das Hineingeworfen sein in eine harte Welt. Die Menschen standen nicht nur in Konkurrenz zueinander. Sie waren gegenseitig aufeinander angewiesen, sie mussten miteinander auskommen, sich verständigen, und zwar ohne sich zu lieben. Krankenbesuche galten auch Menschen, mit denen man über Jahre in heftigen Auseinandersetzungen stand. Es ging um eine Verpflichtung, nicht aber darum, den anderen zu verstehen oder Mitgefühl mit ihm zu haben. Nach dem Besuch bei einem Sterbenden konnte man sich durchaus böse oder spöttisch über dessen Zustand unterhalten.

Trotz aller Konkurrenz, trotz allen Futterneids, niemand durfte sich ungestraft über geltende Ansprüche Einzelner oder der Gemeinschaft hinwegsetzen. Die Mythologie der kleinen Bauern, die, hätten sie über eine Schriftkultur verfügt, nicht weniger komplex wäre als jene der antiken Griechen, kennt genügend eindringliche Beispiele. Ein blödsinniger Bursche bittet in seinem Hunger einen Senn um etwas Milch. Der Senn will sich einen Spaß erlauben und bringt ihm Milch mit Magen, also mit frischem Lab versetzte Milch: »Dick ist die Milch, schön fett. Lass sie dir schmecken.« Bald windet sich der Junge in schrecklichen Krämpfen und schon wenig später ist er tot. Das schwere Gewitter, welches sich in der folgenden Nacht entlädt, lässt eine Mure abgehen und verschüttet den Senn mitsamt der Alm. Philemon und Baucis, auch kleine Bauern, geben dagegen den Bittenden von dem Wenigen ab, was sie haben. Auf einer anderen Alm fertigen sich Hirt und Senn zum Spaß eine Puppe aus Stroh. Die Haut nähen sie aus Lumpen zusammen. Allerhand Unfug treiben sie mit ihr, sie nehmen sie als Ersatz für ein Weib mit ins Bett, stopfen ihr Mus und Rahm in den Mund. Eine alte Bettlerin, die derb und mit Gelächter abgewiesen wird, flucht und droht mit geballter Faust, als sie solches sieht: »Füttert nur die Puppe, sie wird essen und fressen.« Das Lachen vergeht den beiden, als sie bemerken, dass sich nach und nach aus Stroh und Stoff wirkliches Fleisch formt. Die lebendig gewordene Puppe beginnt, die beiden zu tyrannisieren. Nun verlangt sie selbst nach Essen. Am Tag des Abtriebs glauben Hirt und Senn, der Puppe entrinnen zu können. Die aber fordert, einer müsse bei ihr bleiben. Das Los trifft den Senn, worauf sich der Hirt eiligst auf den Weg macht. Als der Hirt sich umdreht, sieht er zu seinem Schrecken die Haut des Senns blutend am Dach wie den Balg eines Tieres aufgespannt. Die schreckliche Puppe steht daneben und schreit ihm Beschimpungen und Drohungen nach. Nun wird er fortgejagt wie er die abgewiesene Alte fortjagte.

In einem Bergdorf des neunzehnten Jahrhunderts verhinderten einige Bauern den Bau eines Weges, der über ihre Felder führen sollte.

Die anderen waren deshalb gezwungen, ihr Heu weiterhin über einen Hügel, der den Eingang ins Dorf versperrte, zu tragen oder zu ziehen. Jene, denen kein Wegerecht eingeräumt wurde, einigten sich, in mühevoller Arbeit einen tiefen Einschnitt durch den Hügel zu graben. Wohl Monate mussten sie sich damit abplagen, Bäume zu fällen, Gestrüpp zu roden, sich durch den Schiefer zu graben, Steine und Erdreich wegzuführen, schließlich den Weg zu schütten und das Wasser abzuleiten. Die Frauen und Töchter all jener, die das Durchfahrtsrecht verweigerten, sollen ledig oder unfruchtbar geblieben sein, die Höfe ohne Erben.

Obwohl wir verglichen mit den damaligen Bauern einen unvorstellbaren Luxus kennen, uns nicht die geringsten Sorgen über unsere Ernährung machen müssen, leben wir in einer Welt, die vor allem durch Neid geprägt ist. Sich Vorteile gegenüber anderen zu verschaffen, ist zu einer Tugend geworden. Verpflichtungen anderen gegenüber sind uns abhanden gekommen. Sicherheit garantiert eine gut ausgerüstete Polizei. Sicherheit verstehen wir nicht als Ausdruck notwendigen Ausgleichs und notwendiger Beschränkung. Wir verstehen uns als Kunden, die glauben, haben sie erst einmal richtig vorgesorgt, alle Bedürfnisse befriedigen zu können. Wir sind nicht mehr verpflichtet, Krankenbesuche bei Menschen zu machen, von denen wir uns betrogen fühlen. Welche Erleichterung! Schon in absehbarer Zeit wird uns nach einem Schlaganfall ein Pflegeroboter die Tasse zum Mund führen und uns »Gute Nacht!« oder »Gute Besserung!« wünschen. Auf unser Umfeld bezogen sind wir ziemlich phlegmatisch und unempfindsam geworden.

Mag man die Enge der kleinbäuerlichen Welt auch in düsterer Erinnerung haben, so muss man doch anerkennen, dass es kaum Einkommensunterschiede gab. Auch die Ärmsten waren – verglichen mit den anderen – nie vollkommen arm, vor allem nicht würdelos. In der kleinbäuerlichen Kultur konnte sich niemand auf Dauer straflos über andere hinwegsetzen. Wer es tat, war von Unglücksfällen, Kinderlosigkeit oder Krankheit bedroht.

Luis Buñuel verdanken wir mit seinem Dokumentarfilm *Las Hurdes* einen der bemerkenswertesten Filme über die Armut der kleinen Bauern. Als 1931 in Spanien die Republik ausgerufen wurde, kehrte Buñuel zurück und drehte einen Film über die spanische Landschaft Hurdes. Zu den Klängen der vierten Symphonie von Johannes Brahms zeigt er Krankheit, Kretins, sterbende Kinder, vor allem aber die Armut, das Elend und die Hoffungslosigkeit der Menschen. *Las Hurdes* ist eine dichte Komposition genau ausgewählter Bilder, die allerdings weniger Wirklichkeit zeigen, als beim Betrachter des Films bestimmte Gefühle wecken. Die Ziege, welche vom Felsen stürzt, wurde zu eben diesem Zweck hinuntergestürzt, der Esel, der von Bienen totgestochen wird, wurde eines Bildes wegen einem Bienenschwarm überlassen. Dies muss für die von Buñuel gezeigten Bauern vollkommen unverständlich gewesen sein. So hat er denn auch mehr den urbanen Blick auf das Leben kleiner Bauern als dieses dokumentiert. Trotz seines Engagements, trotz seiner Neugier wie auch seiner spürbaren Betroffenheit unterscheidet er sich nicht von Maxim Gorki, Eisenstein oder anderen, die den Bauern alle Kultur absprachen, diese als stumpf und ungebildet geißelten. Buñuel hätte auch die Frage stellen können, wie es diese Bauern schaffen, unter solch harten Bedingungen überhaupt zu überleben.

Von den Küchenfenstern aus ließ sich das im Auge behalten, was drau-
ßen geschah. Allem galt Aufmerksamkeit. Sie bezog sich auf Kirchgänger
ebenso wie auf jene, die nur in den Dorfladen gingen, um Brot zu kaufen.
Das Treiben der Kinder wurde im Auge behalten. Auf den Simsen mancher Küchenfenster lagen Feldstecher, um auch das noch sehen zu können, was sich in etwas größerer Entfernung andeutete.

In der kleinbäuerlichen Kultur war jeder aufgehoben in einem
Gesamtgefüge. Deshalb galt alles, was geschah, auch das, was andere
machten, einem selbst. Dass andere mit der Heuarbeit auf einem bestimmten Feld beschäftigt waren, war keineswegs gleichgültig. Dies
konnte etwa heißen, mit der eigenen Arbeit in Verzug zu sein. Manche
sagten sogar, wenn dieser oder jener ein bestimmtes Feld zu mähen be-
ginne, dann würde es Regen und Gewitter geben. Die Beachtung dessen,
was im dörflichen Umfeld geschah, erfolgte meist beiläufig. Wirkliche
Erregung machte sich dann breit, war eine unerklärbare Rauchwolke
zu sehen, stand ein Hof in Flammen. Und selbstverständlich war jede
Abweichung Gegenstand des dörflichen Tratsches. Schwere Krankheiten

konnten ebenso verhandelt werden wie Missgeschicke oder Anschaffungen, von denen man glaubte, der Betreffende habe sich finanziell übernommen.

Wir, an Diskretion und Privatleben gewöhnt, vermögen nur die negativen Seiten solcher Neugier zu sehen. Wir ordnen sie in abfälliger Weise dem Tratsch zu. Das bäuerliche Dorf kannte jedoch weder den öffentlichen noch den privaten Raum. Es gab bestenfalls Verborgenes, Dinge, die sich nachts oder in dunklen Kammern abspielten. Neben allem Neid gab es die Bereitschaft, sich auch für das verantwortlich zu fühlen, was außerhalb unmittelbarer Eigeninteressen lag. Verantwortung und Pflichten bildeten die Kehrseite der Neugier. Entdeckte jemand eine geblähte Kuh oder ein Kalb, welches sich ein Bein gebrochen hatte, so war es selbstverständlich, den Besitzer zu verständigen, und dies auch dann, wenn man mit ihm im Streit lag. Für alle war der Verlust einer Kuh bedrohlich. Zumindest das Fleisch sollte gerettet werden.

Im Gegensatz zur kleinbäuerlichen Kultur leiden wir an einem Mangel an diesbezüglicher Neugier. Uns ist es ziemlich gleichgültig, was sich vor dem Fenster abspielt. Selbst in kleineren Wohnobjekten wissen wir oft nicht einmal, mit wem wir unter einem Dach wohnen. Bestenfalls denken wir, die beiden Musikstudentinnen in der Wohnung über uns, die müssen wohl ausgezogen sein. Klavier und Cello sind verstummt. Selbst langandauerndes Sirenengeheul vermag uns nicht aufzuschrecken. Das zählt zur Geräuschkulisse jeder heutigen Stadt. An die Stelle des Küchenfensters ist der Fernsehapparat getreten. Wir erbauen uns an den Dramen von Menschen, die wir nicht kennen, die manchmal am anderen Ende der Welt leben und umkommen. Da nimmt sich der Tratsch der kleinbäuerlichen Kultur recht bescheiden aus. Der Blick durch den Feldstecher kannte aber auch den sehnsüchtigen Blick über die Ränder des eigenen Dorfes hinaus, also dorthin, wo die unscharfen Bilder ein besseres Leben versprachen.

27

Gerüche machen wie Geräusche nicht an Grundstücksgrenzen halt. Dennoch kannten die Geräusche der Dörfer keinen Lärm. Dies galt selbst dann noch, als die ersten Kreissägen zu hören waren, deren Kreischen vielfältigste Nuancen kannte. Das Kreischen des Sägeblatts teilte mit, ob Astwerk oder gerade ein dicker Stamm gesägt wurde. Verklemmte sich das Blatt, verstummte das Gekreische abrupt, waren nur noch die Geräusche schleifender Keilriemen und die des absterbenden Motors zu hören. Löste sich die Verklemmung, dann gingen die tiefen, eiernden Klänge wieder in das vertraute Singen über. Mochten die Bewegungen des Mannes an der Kreissäge auch rhythmisch sein, sie waren ebensowenig gleichförmig wie die Geräusche, die dabei zu hören waren. Dies galt auch für das Mähen mit der Sense, dessen Geräusche regelmäßig durch das Wetzen unterbrochen wurden. Dengelgeräusche waren während des Sommers vor allem abends zu hören. Zum Dengeln wurde ein kurzstieliger Hammer mit etwas breiterer Aufschlagfläche verwendet. Man saß dabei auf einem Holz- oder Steinblock, in dessen Vorderseite das Dengeleisen als Auflagefläche für das Sensenblatt eingefügt war. Mit monotonen Schlägen wurde die Schneide breit geklopft. Da sich Sensenblätter gegen ihre Spitze hin verjüngen, nahm die Tonhöhe zwar nahezu unmerklich, aber doch hörbar zu. Waren mehrere mit Dengeln beschäftigt, so war ein bäuerliches Gamelanorchester zu hören. Zweifellos bezogen die Einzelnen sich aufeinander, mochte jeder gerade dann dengeln, wenn er Zeit hatte. In dieses Konzert fügten sich viele andere Geräusche, das Geschrei der Kinder, das Tschilpen der Spatzen, Rufe, das Grunzen von Schweinen, Kuhglocken, die von der Alm zu hören waren, das Läuten der Kirchenglocken, manchmal auch das Totenglöckchen, bei dessen Klang man meist wusste, wer gerade gestorben war. Das Dorf verdankte seine Musikalität nicht allein Rhythmen und Klanghöhen. Jedes Orchester lebt vom Hinhören und wechselseitigen Bezugnahmen, mögen diese noch so beiläufig sein. Im Gegensatz zur bürgerlichen Welt spielte in der bäuerlichen Artikulation der Mund eine untergeordnete Rolle.

Die kleinen Bauern bedienten sich vielfältigster Körpergesten. Sie teilten sich aber auch mit den durch Werkzeuge verursachten Geräuschen mit, etwa mit Hilfe eines Dengelhammers. Motorbetriebene Maschinen eröffneten diesbezüglich neue Artikulationsmöglichkeiten. Das Dengeln war nicht nur eine Sache des Ohres. Es bedurfte guter Augen. Mit dem Daumen galt es zu prüfen, ob die Schneide scharf, alle Scharten geglättet sind. Und dann kannten die kleinen Bauern noch einen sechsten Sinn, der sie ahnen ließ, was an einem anderen Ort gerade geschah oder in naher Zukunft sich ankündigte. Allerdings galt dieser sechste Sinn vor allem dem Ungemach, Unglücksfällen und dem Tod. Heutigen Dörfern ist die Musikalität früherer Jahrhunderte abhanden gekommen. Heute kennen auch sie den Lärm, den des Straßen- oder Flugverkehrs, den von Traktoren und Rasenmähern. Irrtümlicherweise wird Lärm vor allem mit Lautstärke assoziiert. Tatsächlich werden Geräusche nur dann als Lärm empfunden, hat sich das gemeinsame Sinngefüge aufgelöst.

Viele kleine Bauern verfügten gerade einmal über drei bis vier Hektar Wiesen und Felder, die zweimal im Jahr gemäht wurden. Im Herbst konnte hier auch noch das Vieh weiden. Neben einigen Magerwiesen, die einen kleinen Teil des gesamten Futterbedarfs deckten, standen ihnen auch Almrechte zu. Halten ließen sich bestenfalls drei Kühe, zwei Rinder, zwei Kälber, einige Ziegen, Schweine und Hühner. Zu ernähren waren dagegen oft große Familien, die nicht selten mehr als zehn Kinder zählten. Sie waren also gezwungen, die vorhandenen Ressourcen möglichst zu nutzen. Kühe meiden wie den Hahnenfuß auch den Ampfer. Insbesondere auf Böden mit hohem Stickstoffgehalt, früher vor allem im Bereich des Miststocks oder entlang von Jaucherinnsalen, breitet er sich aus. Solange es auf jede Gabel Heu ankam, bedeutete dies eine Schmälerung des möglichen Ertrags. Kinder wurden angehalten, nach dem Mähen die samentragenden Ampferstauden zu sammeln und in den Wald zu werfen.

Im Alten Testament wird von Plagen berichtet, die über Ägypten kommen: Blutrotes Nilwasser, Frösche, Mücken, Stechfliegen, Viehseuche, Geschwüre, Hagel, Heuschrecken, Finsternis, Tod der Erstgeburt. Mochten die Bauern auch nicht von blutrotem Nilwasser oder Heuschrecken geplagt werden, Plagen kannten auch sie. Der Winter konnte zu lange dauern, Dürre oder Nässe die Ernte zunichte machen. Wintereinbrüche im September, Hagel- und Blitzschlag, Feuersbrünste, Seuchen, Maikäfer- und Mäuseplagen. In der Kirche in Röns findet sich ein Gemälde aus dem frühen achtzehnten Jahrhundert, welches den Heiligen Magnus darstellt. Der Heilige, der für die Bekämpfung alles Heidnischen stand, wurde von den Bauern auch als Schutzpatron vor Plagen verstanden. Auf dem Gemälde sind denn auch neben einer Ratte eine Maulwurfsgrille, ein Maikäfer, eine Heuschrecke, ein Engerling wie auch ein Schmetterling abgebildet. Der Kartoffelkäfer fehlt. Dieser wurde erst in der zweiten Hälfte des neunzehnten Jahrhunderts aus den USA nach Europa eingeschleppt, wo er sich rasch ausbreitete. Da die Kartoffel zu den wichtigsten magenfüllenden Nahrungsmitteln zählte, kam es zu Hungersnöten. Anfangs war es bestenfalls möglich, Larven und Käfer der befallenen Äcker abzuklauben oder die Äcker abzufackeln, um eine weitere Ausbreitung des Schädlings zu verhindern. Mit Hilfe von Insektenvertilgungsmitteln wurde es möglich, solcher Plagen Herr zu werden.

Hasenkot findet sich im Frühjahr besonders unter den Hecken der Hage-
butte. Unter den Obstbäumen bevorzugen Hasen während des Winters
die Rinde junger Apfelbäume. Ein so geschälter Baum stirbt ab. Solange
es keine industriell gefertigten Zaunelemente wie Stachel- oder Maschendraht gab, bedrohte das Wild den ohnehin geringen Ertrag. Hirsche
fraßen das Obst, welches nachts von Bäumen fiel, Rehe kamen bis in
die Äcker und Gärten, Füchse holten die Hühner. Die Jagdpächter erinnerten die Bauern nur zu gut daran, dass es Menschen gab, deren Leben
Luxus kannte, etwa den Luxus, ein Jagdrevier zum eigenen Vergnügen
pachten zu können. Die Zuteilungen aus der Jagdpacht vermochten
dieses Unbehagen nicht aufzuwiegen. Das Verhältnis zu den Jagdpäch-
tern war allerdings ambivalent, war es doch möglich, in ihrem Dienst
etwas zu verdienen.

Das Leben der kleinen Bauern bewegte sich immer am Rande drohender Katastrophen. Sie waren buchstäblich auf Gott, auf die Hilfe der Mutter Gottes wie der Heiligen angewiesen. In Prozessionen wurde Gott selbst hinaus getragen an die Orte kargen Lebens und harter Arbeit. Die Sonntagskleidung betonte nur den Abstand zur Arbeit, nicht aber den Abstand zur eigenen Welt. Die Bittgänger schritten durch Felder, an denen sie anderntags mit Arbeit beschäftigt waren. In den Köpfen der Erwachsenen brach sich das Gebet, ob Rosenkranz oder Litanei, mit Gedanken an die vor ihnen liegende Arbeit. Wer nicht bettlägrig oder ein ohnehin geächteter Sonderling war, ging in solchen Prozessionen mit. Das ganze Dorf, Menschen also, die sich sonst durchaus feindselig begegnen konnten, verschmolzen zu einem Ganzen, wenn auch nach

Geschlecht und Alter getrennt. Bei den Bittprozessionen durch die Felder trug der Pfarrer eine Feldmonstranz. Die Hände des Pfarrers hatten nichts mit jenen der Männer zu tun, auch wenn sie manchmal derb auf Kinderköpfe einschlugen. Sie waren bedrohlich weich, sauber, sie zeigten keine Spuren harter Arbeit. Wo vermöchten wir heute noch Gott hinzutragen, damit er sähe, wie hart das Leben der Menschen sein kann. In solchen Prozessionen wurde die eigene Welt begangen. Sie konnten auch zu Orten besonderer Gefahr führen, zu Bächen, an denen sich Murabgänge wiederholten, an Stellen, wo der Abgang von Lawinen zu befürchten war. Zweifellos haben sich Wildbach- und Lawinenverbauungen, DDT und andere Insektenvertilgungsmittel, Feuer-, Unfall- und Hagelversicherungen wirksamer erwiesen als Prozessionen und Bittgänge. Während Bauern früher befürchten mussten, ins Elend zu stürzen, weil Felder nicht genügend Ertrag brachten, um eine große Familie zu ernähren, leiden heutige Bauern unter der Überproduktion landwirtschaftlicher Güter. Für solche Dramen sind Bittprozessionen nicht mehr die richtige Antwort. Was vermag ein päpstlicher Segen, via Satellit in alle Welt übertragen, noch auszurichten? Kein Vater im Himmel. Wer erbarme sich unser? Kein Erlöser der Welt. Wer erbarme sich unser? Kein süßester Jesus. Wer erbarme sich unser? Kein sanftmütigster Jesus. Wer erbarme sich unser? Kein geduldigster Jesus. Wer erbarme sich unser? Kein gehorsamster Jesus. Wer erbarme sich unser? Kein keuschester Jesus. Wer erbarme sich unser? Kein getreuester Liebhaber. Wer erbarme sich unser? Kein Bräutigam der Jungfrauen. Wer erbarme sich unser? Etc., etc., etc.

Dem Boden kann man nur entnehmen, wird ihm wieder zugeführt, was man ihm entnommen hat. Lange Zeit beschränkte sich dies auf Mist. Im neunzehnten Jahrhundert propagierten Aufklärer die Errichtung von Mistlagern und Güllegruben. Jauchenkästen konnten sich erst behaupten, als es möglich war, Jauchengruben zu betonieren, als es Wege und Fuhrwerke gab, um die Gülle auf die Felder zu bringen, Rohrleitungen und Pumpen, um sie auf die angrenzenden Felder zu leiten. Auch Asche wurde als Dünger verwendet. Ab 1860 kamen importierte Handels- und Kunstdünger zum Einsatz, Guano aus Südamerika, Chilesalpeter. Dann folgten Kalisalze aus deutschen Steinsalzlagerstätten. Thomasmehl, der erste wirkliche Kunstdünger, hergestellt aus der bei der Stahlerzeugung anfallenden Schlacke, wurde von den Bauern rasch angenommen, war aber noch so teuer, dass nur größere Betriebe diesen Dünger einsetzen konnten. Erst die Einbindung in die Geldwirtschaft, nicht zuletzt auch Folge einer Subventionspolitik, wie billigere Produkte machten den Kunstdüngereinsatz möglich. Der Kunstdünger ist der Zwilling des zugekauften Kraftfutters. Bis vor wenigen Jahrzehnten diente der größte Teil aller Produkte dem Eigenbedarf. Nun hat sich dieses Verhältnis endgültig umgekehrt.

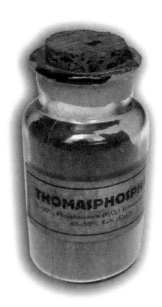

Im Frühsommer wurden Kühe, Rinder und Kälber auf Almen aufgetrieben. Auch wenn man von »Auffahren« sprach, so wurde doch mehr aufgetrieben. Almen waren notwendig, um möglichst viel Heu für den Winter einbringen zu können. Ziegen wurden gehalten, um auch über den Sommer Milch zu haben. Während des Sommers wurden die Ziegen von einem Jungen täglich auf eine der Almen getrieben. Schon im Mai war für ihn das Schuljahr beendet. Im Unterdorf ging er los, Frauen öffneten die Stalltüren und ließen die Ziegen ins Freie. Die Ziegenherde wurde auf ihrem Weg durch das Dorf immer größer, aber schon bald waren die kleinen Glöckchen und Schellen nicht mehr zu hören. Ziegenhirt wurde man durch eine Art Versteigerung, in der jener den Zuschlag erhielt, der am wenigsten forderte. Das Essen, vor allem das notwendige Salz, um die Ziegen abends wieder zu sammeln, musste sich der Bub durch Arbeiten auf den Almen verdienen. Oft habe ich schon an die Einsamkeit dieser kindlichen Hirten gedacht, die lange Tage und Wochen mit Ziegen verbrachten. Was beschäftigte die Köpfe dieser Kinder? Kehrte die Herde abends ins Dorf zurück, war das Gezeter von Frauen zu hören, die Ziegen aus ihren Gärten scheuchten. Machte sich eine Ziege über einen Garten her, fraß Zinnien oder Pfingstrosen, so fasste der Junge nach einem ihrer Ohren, steckte dieses in seinen Mund und biss kräftig zu. Dann schrie er dem Tier den Hausnamen ins Ohr. Fortan habe es genügt, den Namen zu rufen, um die Ziege an geltende Verbote zu erinnern.

Ziegen sind ziemlich wählerisch. Sie fressen aber auch Farn, Rittersporn oder die eben aufgebrochenen Knospen der Pfingstrosen. Sie finden selbst Geschmack an Filterzigaretten. Während Kühe mit ihrer langen und kräftigen Zunge große Büschel von Gras abreißen, mögen es Ziegen Blatt für Blatt. Sie befühlen es mit ihren Lippen und verzehren es nahezu tastend. Anfang der sechziger Jahre begannen die meisten Bauern als Schichtarbeiter in großen Industriebetrieben. Sie wurden zu Nebenerwerbsbauern. Innerhalb weniger Jahre gab es keine einzige Ziege mehr. Ziegen waren die Kühe der Armen. Wer nur Ziegen besaß, galt als wirklich arm. Ziegen ließen sich auch mit dem durchfüttern, was sich an steinigen Bachläufen, im Wald oder an Wegrändern fand. Als Kind erlebte ich die Schlachtung der letzten beiden Ziegen auf der Bretterabdeckung einer Jauchengrube. Sie hatten glänzend weißes Haar, am Hals zwei herabhängende, behaarte Hautwürstchen. Es gibt keine Farbe, die das Rot des Blutes mehr zur Geltung brächte als weiß. Während die Jagdpächter Ziegen, deren Fleisch sie für Würste brauchten, mit einem Messer töteten, fielen diese beiden durch einen Beilhieb.

Die kleinen Bauern mussten ihrem Körper viel abverlangen. Trotz aller kulturgeschichtlich entwickelten Techniken, mit Kräften und Ressourcen schonend umzugehen, galt es für junge Burschen als Tugend, nicht auf den eigenen Körper zu achten. Sie nahmen in ihrer Arbeit Risiken auf sich, die im Widerspruch zu den möglichen Ergebnissen standen. Ältere wussten besser mit ihrer Kraft zu haushalten. Sie vermochten oft bis ins hohe Alter ein erstaunliches Arbeitspensum zu erbringen, große Wiesen mit der Hand zu mähen, mehrfach zu wenden und einzutragen. Diese Leistungsfähigkeit verdankte sich einer ausgeprägten Arbeitsökonomie, dem Vermeiden aller unnötigen Bewegungen, stetigem, aber nicht zu schnellem Arbeiten, regelmäßigen Pausen. Frederick Taylor, der Erfinder der wissenschaftlichen Betriebsführung, hätte von den Bauern viel lernen können. Er versuchte Arbeitsabläufe dadurch zu optimieren, indem er Arbeitern bis ins kleinste Detail exakt jede Bewegung vorschrieb. Seine Choreographien ließen sich heute mühelos musikalisch umsetzen. An Musik dachte er nicht. Die Arbeit der kleinen Bauern war dagegen musikalisch organisiert, gleichgültig, ob es sich um rhythmische Sensenschnitte, um die Geräusche von Sägen, Beilen, Äxten oder auch um die Milchspritzer im Kübel handelte. Ihre Arbeitsökonomie verdankte sich nicht zuletzt den von ihnen selbst produzierten Geräuschen. Diese gaben ihnen Halt. Und dennoch waren sie oft gezwungen, bis an die äußersten Belastungsgrenzen zu gehen. Gebrauchsspuren bäuerlicher Werkzeuge belegen dies. Selbst schwere geschmiedete Eisenkeile können höchst deformiert sein. Angesichts der Härte des Materials sind solche

Deformationen nicht ohne enormen körperlichen Einsatz denkbar. Jeder Schlag teilte sich nicht nur dem Keil oder dem Holz, sondern auch dem Körper, vor allem den Gelenken mit. Vielleicht liegt darin ein Grund, warum kleine Bauern heute wenig Probleme mit künstlichen Gelenken, Herzschrittmachern oder Fremdorganen haben. In ihren Vorstellungen lassen sich Organe ähnlich wie Batterien, Motoren, Luft- und Ölfilter austauschen. Dass dies in einem grundlegenden Widerspruch zu ihren Vorstellungen von Wechselwirkungen oder der Historizität des Materials steht, fällt da nicht ins Gewicht.

Es bedurfte vielfältigster Hilfen, um Zusammengefügtes zu trennen. Grenzsteine, Brandzeichen, Messer, Keile, Zentrifugen, Brennereien, Lab, vor allem aber Siebe. Das Sieb als Mischwesen von Messer und Trichter. Es schied voneinander, sammelte aber auch das Abgeschiedene. Im Sieb wiederholten sich die vielen halbdurchlässigen Grenzziehungen, deren Maschen einmal enger, dann wieder weiter geflochten waren. Als metaphorisches Objekt verwies es auf das Verhältnis von Eigenem und Fremdem, darauf, dass das Eine und das Andere in einem ursprünglichen Zusammenhang stehen.

Das Schnapsbrennen zählte zu den wenigen Möglichkeiten der Bargeld-
einnahme. Manche Bauern hatten eine eigene Brennerei, andere waren
auf ein fahrbares Gerät angewiesen. Wann immer Schnaps gebrannt
wurde, ging es darum, möglichst wenig Steuern an das Finanzamt
abzuliefern. Im Keller waren noch Fässer mit vergorener Maische versteckt, manche streckten diese mit Most, begannen früher als angege-
ben zu brennen oder brannten auch nachts. Andere schworen auf die
Leistungsfähigkeit ihrer Brennerei. Die Ressentiments gegenüber dem
Finanzamt galten allen behördlichen und staatlichen Kontrollen. Die
kleinbäuerliche Kultur kannte ein großes Misstrauen gegenüber allen
Agenten des Staates. Wurde Schnaps gebrannt, verbreitete sich über
den Häusern der typische Geruch. Schnapsbrennen mag man zwar in
geschlossenen Räumen, aber es lässt sich nicht verheimlichen. Die bäuerlichen Schnapsbrenner wussten viele Geschichten zu erzählen, etwa
die von einem Steuerbeamten, der in betrunkenem Zustand seinen
Siegelstempel vergaß. Trichter wurden nicht allein beim Schnapsbrennen benötigt. Trichter waren allgegenwärtig. Sie dienten zum Sammeln
und Abfüllen von Flüssigkeiten, dazu, Weniges zu einer Menge zu
machen. Einen flüssigen Teig durch einen Trichter in heißes Schmalz
laufen lassen. Den Most mit Hilfe eines Trichters abfüllen. Diesel mit
Hilfe eines Trichters in den Tank eines Motors einfüllen. Kleine und
große Trichter. Ein kleiner Trichter, um Petroleum in die Lampe zu
gießen. Nichts durfte daneben laufen. Der hier abgebildete Trichter lässt
an eine weibliche Brust, mehr noch an ein Euter denken. Dabei zeigte
sich beim Schnapsbrennen bestenfalls ein dünnes Rinnsal, ein dünner
Faden, oft nur ein Tröpfeln des kostbaren Wassers. Trichter waren
ambivalent besetzt. In ihnen schien auch alles zu verschwinden. Der
Trichter erinnerte somit daran, in einer Welt des Mangels zu leben.

In seinem Narrenschiff aus dem Jahr 1494 beschäftigte sich Sebastian Brandt mit Tischmanieren. So schrieb er, es sei anstößig, in Brei und Mus zu blasen, das Tischtuch oder das Kleid zu bekleckern, wieder auf die Schüssel zu legen, was einem aus Ungeschick entfallen sei, sich beim Essen über die Schüssel zu beugen, an den Speisen zu riechen, etwas vom Mund wieder auf den Tisch oder in die Schüssel zurückzulegen oder gar auf den Fußboden zu werfen, den anderen etwas wegzuessen, zuviel auf einmal in den Mund zu nehmen oder vom Wein zu trinken, ehe das Gekaute geschluckt worden sei, sich am Kopf zu kratzen, sich die Finger, welche die Nase geputzt haben, am Tischtuch abzuwischen, sich mit Arm und Ellbogen auf dem Tisch aufzustützen, zu rülpsen und furzen, zu laut zu sein, zu viel zu sprechen, mit schmutzigen Händen zu essen. Es sei anständiger, mit den Fingern der sauber gewaschenen Hand in das Salzfass zu greifen, als das Salz mit dem Messer zu nehmen, mit dem man vielleicht vor wenigen Stunden einer Katze das Fell abgezogen habe. Teller und Essbesteck, welches sich damals erst langsam durchzusetzen begann, sollten den kleinen Bauern noch lange fremd bleiben. Bis ins neunzehnte Jahrhundert wurde meist aus einer in der Mitte des Tisches stehenden Schüssel gegessen. Geschirr musste man sich leisten können. Aber es mangelte nicht allein an Geld. Die Lebensbedingungen der kleinen Bauern standen der Vorstellung von der Autonomie des Subjekts entgegen. Es wurde nicht nebeneinander, sondern gemeinsam gegessen, und zwar meist sehr schnell, um satt zu werden. Im neunzehnten Jahrhundert fanden sich in Anlehnung an bürgerliche Tischsitten Teller zunehmend auch auf bäuerlichen Tischen. Fortan sollten nur noch manche Relikte an alte Esstraditionen erinnern, etwa die Geschicklichkeit, mit denen Alte mit Hilfe eines Messerchens von Knochen abgeschabtes Fleisch, Brot oder auch Obststücke zum Mund führten. Dasselbe Messer konnte auch dazu dienen, Kartoffeln zu schälen, Petersilie oder Schnittlauch zu schneiden. Die bäuerlichen Tischsitten bezogen sich weniger auf das Verhältnis der Essenden zueinander als auf die Angst, dass die Schüsseln leer bleiben könnten. Es war ein Tabu, Essen, insbesondere Brot, aber auch Fleisch und andere tierische Produkte wegzuwerfen, zu verschwenden oder damit zu spielen. Das auf dem Tisch liegende Brot behauptete von sich stets, unsicher zu sein. Im Bild der brotlosen Tischfläche verdichten sich alle Hungerfantasien. Die entsprechenden Vorstellungen kannten neben dem Milch- auch den Brotfrevel. Brot wegwerfen, dies wäre einer Zurückweisung einer Gabe gleichgekommen und hätte Unsegen zur Folge gehabt. Bevor ein neues Brot angeschnitten wurde, machte man auf seiner Unterseite ein dreifaches Kreuzzeichen mit der Messerspitze. Essstörungen waren ebenso unbekannt wie die heute üppige Ausgestaltung individueller Ekelempfindungen. Da war die Kuttelsuppe noch ein Schmaus, den niemand zurückwies, und dies selbst dann, wenn die Essenden wussten, von welchem Tier sie gerade aßen oder sich während des langen Kochens des Magens ein für uns erbärmlicher Gestank verbreitete.

Kartoffeln, Kraut oder Getreide bis zur Ernte oder Schweine bis zur Schlachtreife zu bringen, das war nur die eine Seite. Nicht viel weniger Arbeit war es, die Erträge schwerer und unsicherer Arbeit haltbar zu machen und bis zum Verzehr vorrätig zu halten. Butter wurde zu Butterschmalz, das Fett von Schweinen zu Schweineschmalz ausgelassen. Die Reste des vorjährigen Mostes mussten in ein kleines Fass abgefüllt und mit einer Essigmutter versehen werden. Obst ließ sich dörren, Speck räuchern, Schweinefleisch wurde eingepökelt. Da dem Fleisch viel Wasser entzogen wurde, war der Holzdeckel des Bottichs, auf dem ein Stein lag, bald von einer dunklen Brühe bedeckt. Eier wurden im Spätsommer, bevor die Hühner aufhörten zu legen, gesammelt und in einem Steingutgefäß mit Wasserglas übergossen. Die in Wasserglas gelagerten Eier waren hermetisch von aller Luft abgeschlossen. Im kühlen Keller wandelte sich das klare und flüssige Wasserglas zu einer gallertartigen, trüben Masse mit einer dünnen, kristallinen Deckschicht. Um zu den Eiern zu gelangen, mussten die Finger die dünne Deckschicht durchstoßen und im glitschig feuchtkalten Brei nach einem Ei fassen. Auf verwandte Weise lässt sich auch gebratenes Geflügel konservieren, wird es in einen Steinguttopf gegeben und mit heißem Fett übergossen, welches erstarrt, wird der Topf an einen kühlen Ort gestellt. Solchen Luxus konnten sich Bauern nicht leisten. Die einfachste Form, Fleisch zu konservieren, bestand darin, Tiere bis zum Bedarfsfall am Leben zu erhalten, also Hühner unmittelbar vor der Zubereitung zu schlachten. Schweine wurden immer erst dann geschlachtet, wenn das Fleisch des letzten Schweines aufgezehrt war. Da in der warmen Jahreszeit nicht geschlachtet werden konnte, hieß es haushalten. Wir haben längst vergessen, auch der Käse, der zu den wichtigsten Nahrungsmitteln der kleinen Bauern zählte, verdankt sich Konservierungsanstrengungen. Käse, auf Kellerregalen gelagert, musste, sollte er nicht verderben, regelmäßig in Salzwasser gewaschen und gewendet werden. Die Möglichkeit, Lebensmittel in Gläsern zu pasteurisieren, hat die Vorratswirtschaft erleichtert. Obst und Gemüse, auch Fleisch konnte eingeweckt werden. In den Fleischgläsern setzte sich oben eine dicke weiße Fettschicht ab. Regelmäßig mussten die Gläser überprüft werden. Deckel konnten sich lösen, wodurch, wurde dies nicht rechtzeitig bemerkt, das Füllgut verdarb. Eingeweckt wurde auch der sogenannte Schwartenmagen, also Schwarten mit etwas Fleisch, gekochte und nudelig geschnittene Ohren, entbeinte Schweinsfüße oder ähnliches. Der Name erinnert noch daran, dass ursprünglich ein gereinigter Schweinemagen als Behältnis diente. Den wirklichen Schwartenmagen ließ man ähnlich wie Brühwürste in heißem Wasser ziehen. Die in der bürgerlichen Küche dem Schwartenmagen beigegebenen Kapern oder Pistazien fanden nie Eingang in die bäuerliche Küche. Hier bestand die Fülle durchwegs aus Abfällen des tierischen Körpers. Die ersten Tiefkühltruhen haben Steinguttöpfe und selbst die Weckgläser fast vollkommen verdrängt. Ich erinnere mich eine Frau sagen zu hören, nach dem Bett sei ihr die Tiefkühltruhe das Liebste. Vorratsbewirtschaftung ist heute selbst für kleine Bauern weitgehend überflüssig geworden. Auch für sie sind an die Stelle von Kellern Kühlregale von Supermärkten getreten.

Die Küche kannte trotz allen Mangels ihre Feinheiten. Schmalzgeba-
ckene Teigtaschen, Krapfen und Küchlein mit den unterschiedlichsten
Füllungen, handgemachte Nudeln, viele Gerichte, die alle weniger
Zutaten bedurften. Nahezu alle Gerichte wurden aus eigenen Produkten
zubereitet. Gekauft wurden Zucker und Salz, wenige Gewürze, Mehl
und Gries, Speiseöl oder Nudeln. Den Salat konnte man statt mit Öl
auch mit heißen Speckwürfeln anmachen. Es gab Gerichte, die sehr
oft gekocht wurden. Dann erstaunen aber die vielen Variationen, die
sich aus Milch, Butter, Käse, Eiern, Mehl oder Gries herstellen ließen.
Daneben gab es vor allem Kartoffeln und Kraut, welches während der
kalten Jahreszeit als Sauerkraut gegessen wurde. Wenngleich die Küche
überall das Bemühen kannte, das selbst Hergestellte bestmöglich zu
nutzen, so wichen die Kochtraditionen regional stark voneinander ab.
Polenta wurde nur in Gebieten zubereitet, wo Mais angebaut wurde.
Der Buchweizen spielte wiederum nur in besonders kargen Gegenden
eine wichtige Rolle in der Küche. Spätestens in den 50er Jahren tauchten
auch in den bäuerlichen Küchen industriell produzierte Nahrungsmittel auf. Zu den ersten solcher Produkte zählte die Erbswurst. Aus
wenigen Stücken ließ sich eine Suppe für die ganze Familie zuberei-
ten. Maggiwürze gab auch gestreckten Suppen Geschmack. Es folgten
zahllose andere Produkte bis hin zu heutigen Fertiggerichten. An die
bäuerliche Küche von einst vermag heute nur noch wenig zu erinnern.

Eigentlich ein billiges, aber funktionales Industrieprodukt. Der hoch-
gezogene Rand lässt sich leicht fassen, mit einer Hand umgreifen. Sie
hat Gewicht, ist aber auch nicht allzu schwer. Ihr Material ist weich
und doch sehr beständig, nahezu unverwüstlich. Dies lässt sich deutlich an den vielen Spuren ablesen. Die Oberfläche dieser Schüssel ist
leicht zu reinigen. Mit ihr hielt der Fortschritt Einzug in den bäuerlichen Haushalt. Sie ist an die Stelle der schweren und oft unhand-
lichen Ton-, Holz- und Eisengeschirre getreten. Auch Flugzeuge und
Hubschrauber werden aus diesem Material gefertigt. Im Gegensatz zu
vielen Plastikschüsseln ist sie in einem gewissen Sinn schön. Am Boden
ein kleiner Kreis, wulstförmig herausgetrieben, mit dem Charme einer
ganz schlichten Verzierung, die einzig die vorhandene Form betont.
Diese Schüssel war das optimale Vehikel zwischen Küche und Garten,
Küche und Keller oder dem Stall. Kaum ein Gang, dass sie leer geblie-
ben wäre. Wurde sie verwendet, um aus dem Garten Salat, Tomaten,
Zwiebeln oder etwas anderes zu holen, führte sie zuerst – gefüllt mit
Küchenabfällen – zum Fass mit der Saukost oder zum Komposthaufen.
Das geerntete Gemüse verlor sich nicht in ihr. Die in ihr gesammelten
Abfälle fingen nicht an zu stinken, da es nicht allzu lange dauerte, bis
sie gefüllt war oder man ohnehin in den Garten, den Keller oder den
Stall musste. Sie bot Übersicht und Begrenzung bei der täglich anfallenden Arbeit. Was in der Schüssel Platz hatte, schien sich wie von
selbst zu einer Mahlzeit zusammenzufügen. Gerade die Begrenzung in
der Auswahl machte erfinderisch. Ohne Garten und Komposthaufen,
ohne dieses Hin und Her hätte diese Schüssel ihre Bedeutung nicht
gehabt. Wie oft mag diese Schüssel aus der Hand geglitten und zu Boden
gefallen sein. Ihr Platz war zwischen dem Reinen und dem Unreinen
angesiedelt, immer in der Nähe von Herd und Abwaschbecken.

Das Jahr kannte seinen Rhythmus. Neben den kirchlichen Festen gab es
andere Tage, die als besondere Tage galten. Der Tag des Almauftriebs,
der Tag, an dem der erste Süßmost gepresst wurde, der Tag, an dem
ein Schwein geschlachtet und die Blutwürste verzehrt wurden. Mit dem
Verschwinden der Hausschlachtungen werden keine Blutwürste mehr
zubereitet. Blutwürste gibt es zwar immer noch, aber es sind andere
Würste, die nichts mehr von der ursprünglichen Bedeutung haben. Bei
den Hausschlachtungen mussten die grünschimmernden Dickdärme,
eben erst dem Schwein entnommen, entleert, umgedreht und in vielen
kalten Wassern gewaschen werden. Das Blut wurde gerührt, in erhitztem
Schweineschmalz mit Salz, Pfeffer, Majoran, Piment und Muskatnuss
gewürzt und in die eben gereinigten Därme abgefüllt. Zum Abbinden
wurde ein Spagat verwendet. In heißem, aber nicht kochendem Wasser
ließ man sie etwa zwanzig Minuten ziehen. Dampfend lagen dann die
prall gefüllten Blutwürste auf einer Schüssel. Dazu gab es Kartoffeln
mit Sauerkraut, Apfelmus. Es war wirklich ein Totenmahl für das eben
geschlachtete Schwein. Man aß nicht einfach Blutwurst. Mochte beim
Anschneiden die Köchin mit Lob bedacht werden, so gedachte man auch
des Schweins. Nicht allein die Zutaten machten die Wurst aus, erst der
Anlass und ihre Bedeutung verliehen ihr den einzigartigen Geschmack.
Solche Würste gibt es heute nicht mehr, kann es nicht mehr geben.
Nicht nur ein sinnlicher, sondern auch ein kulturhistorischer Verlust.

In vielen Bauernhäusern wurden Schweine in der Waschküche geschlachtet, in einem Raum also, in welchem man an anderen Tagen die Kinder badete oder die Wäsche kochte. Auch wenn nur wenige Male im Jahr geschlachtet wurde, so ließen doch die an der Decke befestigten Eisenhaken keinen Zweifel daran, sich in einem Raum des Tötens zu befinden. Im Zuber wurden nicht nur abgestochene Schweine gebrüht. Nur auf größeren Bauernhöfen gab es zum Brühen eigene Tröge. Diese waren praktischer, hatten sie doch nicht so hohe Seitenwände, weshalb sich die Kette unter dem abgestochenen Schwein, welches im heißen Wasser lag, leichter hin und herziehen ließ, wollte man seine Borsten entfernen. Da Holz mit der Feuchtigkeit auch die Gerüche aufnimmt, behielt es die Erinnerung an das Geschehene noch lange Zeit. Die bäuerliche Waschküche kannte die enge Verbindung zwischen Reinigung, Verzehr und Tod. Wurden die Kinder nach dem Bad in ein Leintuch gehüllt, so verschwand das Wasser genau in jenem Abflussloch, in dem auch das Blut von Tieren weggeschwemmt wurde oder herausgeschnittene Schweineaugen liegen konnten. Mit den ersten Feriengästen, die neue Hygienevorstellungen mitbrachten, hielt das Badezimmer seinen Einzug in die Bauernhäuser. Die Blechbadewannen, denen in der Waschküche nur eine kurze Zeit beschieden war, fanden sich bald als Viehtränken auf den Weiden.

Um sich auch über größere Distanzen auf den Feldern unterhalten zu
können, musste man laut sprechen. Es war mehr ein Rufen als ein Sprechen. Lautstärke und Tonfall, vor allem die Verwendung von kurzen
Sätzen, wurden auch dann oft beibehalten, wenn die Menschen dicht-
gedrängt in Stuben beieinander saßen. Auch hier ging es laut zu. Die
Menschen rückten zusammen, in loser Ordnung zwar, aber immer auf
Anlehnung bedacht. Sie sprachen mit ihrem Körper, hatten keine Scheu,
mit Händen auf den Tisch zu schlagen, wollten sie der Erzählung oder
ihren Behauptungen Ausdruck verleihen. Most spielte dabei eine wichtige Rolle. Most half, sich über das eigene harte Leben hinwegzutrösten.
Im Keller eines einzigen Hauses konnten mehrere große Fässer mit Most
stehen. Most wurde auch tagsüber während der Arbeit getrunken. Es
gab den Süßmost, leicht vergorenen Most, den Most des Winters und
den des Frühlings, schließlich jenen, der in das Essigfass geleert wurde.
Das gesellige Wesen der Menschen lässt an ihre Tiere denken, vor
allem an Kühe. Kühe, mögen sie einen noch so ausgeprägten Charakter
haben, suchen trotz aller Rivalität und Rangkämpfe die Nähe anderer
Kühe. Erst im Beisammensein vermag sich ihr wirkliches Wesen zu
entfalten. Auf vielen Fotografien findet sich die Geselligkeit der kleinen
Bauern dokumentiert. Das Zusammenrücken verdankte sich weniger dem Fotografen, es war im Leben der Menschen selbst angelegt.

Waren Tote im Haus aufgebahrt, wurde die Kammer nach der Beerdigung mit getrockneten Wurzeln des Meisterwurz geräuchert. Dieses Räuchern, ursprünglich kann man es sich als ein Rauchopfer denken, diente dazu, den Geruch nach Tod zu vertreiben, wenngleich ihm eine reinigende, ja desinfizierende Wirkung zugeschrieben wurde. Freilich teilten die Gerüche der Kammer noch tagelang mit, dass hier jemand aufgebahrt war. Noch mehr gilt dies für die Gerüche langer Bettlägrigkeit und Inkontinenz.

In der kleinbäuerlichen Kultur war alles verwoben. Ein Geruch löste den anderen ab. Das Dorf kannte die Gerüche des Blutes, den Geruch der Motorsäge, den Geruch nach Holz und Harz, den Geruch eines Fichtenwaldes in der heißen Sonne, den Geruch nach Schnee, den Geruch, der den Schnee ankündigt, den Geruch nach aufgerissener Erde, den Geruch nach frisch gemähtem Gras, die vielen Gerüche der Bäume, den Geruch eines umgeschnittenen Kirschbaumes, den Geruch der Keller, jenen der Dachböden, den Geruch nach frischem Heu ebenso wie den nach altem, staubigen Heu, den Geruch jenes Heus, welches im Herbst eingebracht wird, den Geruch der warmen Kuhpisse, den Geruch der frischen Molke und jenen Geruch der Molke, wenn sie in Gärung übergeht und sauer wird, den Geruch eines warmen Regens, die vielen Gerüche des Essens, den Geruch des Stalles, die Gerüche der Tierkörper, den Geruch nach gekochten Kartoffeln, den Geruch der Kleie, den Geruch eines frisch geputzten Bretterbodens, den Geruch der Werkstatt, den Geruch des Narzissenfeldes im Frühjahr, den Geruch der Wäschekommoden, den Geruch der frischen Wäsche, die Gerüche der Kloake, die je nach Wetterlage sehr unterschiedlich sein konnten, den Geruch des Dachbodens bei Hitze, den Geruch nach angebrannter Milch, den Geruch einer Selchkammer, den Geruch der Würste, den Geruch des Feuers, Schweißgerüche, den Geruch nach Flieder, die Gerüche der Küche wie jene des Friedhofs, den Geruch der Pfingstrosen ebenso wie jenen des Nussbaums, den schweren Geruch nach Tabak wie den getrockneter Tabakblätter, die an Drähten im Dachboden hängen, die Gerüche von Äpfeln und Birnen, die für den Winter eingelagert werden, den Geruch verfaulter Kartoffeln (durch das Kellerfenster scheint die erste Frühlingssonne herein), den Geruch der Werkstatt, den Geruch des Schmierfetts in den Tiegeln, den Geruch der Zwiebeln, die Gerüche des Sauerkrauts wie des gepökelten Fleisches, den Geruch harten Leders, die Gerüche des Ackers, die sich den Händen mitteilen, den Geruch nach Weihrauch in der Kirche, überhaupt die Gerüche der Kirche, den Geruch nach Jauche, die Gerüche der Silos, den Geruch der Obstpresse, die Gerüche alter Männer und alter Frauen. In den Dörfern waren Gerüche die Fingerabdrücke der Häuser. Erst mit den Schweinemastbetrieben und den Hühnerfarmen hielt der Gestank Einzug in die Dörfer.

Die Gerüche der bäuerlichen Welt bezeichneten Übergänge, verwiesen auf ein Davor und ein Danach, etwa auf den vergangenen Sommer oder den Winter, der sich ankündigt, die Senkgrube erinnerte an den Verzehr wie an künftigen Ertrag von Äckern und Wiesen, auf welche die Jauche ausgebracht wurde. Die meisten Gerüche waren an Tätigkeiten oder Orte gebunden. Man trat also in ein Geruchsfeld oder verließ es wieder. Die Bauern konnten sich auf ihren Geruchssinn verlassen. Sie wussten auch mit geschlossenen Augen, wo sie sich befanden, auf eigenem Terrain oder auf fremdem, sie rochen, was sich ankündigte, rochen, was gut oder verdorben war. Bauern lebten noch wirklich in der Welt. Wir dagegen betrachten die Welt von außen. Wir lesen Bücher über den Geruchssinn und das Riechen. Wenn das keine Emanzipation von der Natur ist!

Einem Betriebswirtschaftler hätten bei einem Besuch eines kleinbäu-
erlichen Hofes die Haare zu Berg stehen müssen. Statt Spezialisierung
ein heilloses Durcheinander an Tätigkeiten, statt Professionalität ein
Höchstmaß an Improvisation. In einem Stall standen vielleicht drei
Kühe, möglicherweise war eine der Kühe nur ans Futter genommen, ein
Rind, zwei bis drei Kälber, zwei Ziegen, eine Sau, zwei Mastschweine,
zwölf Hühner. Die unterschiedlichsten Arbeiten waren in extremer
Weise miteinander verwoben: Stallarbeit, Mähen, Heu einbringen,
Felder düngen, Mist tragen, das Vieh auf die Alm treiben, den Honig
schleudern, Kirschen pflücken, Äpfel un d Birnen auflesen, Obst dör-
ren, Most pressen, Schnaps brennen, Kartoffeln und Bohnen stecken,
Wiesen zu Äckern umpflügen, Schweine schlachten, Fleisch verwerten,
Eier in Wasserglas einlegen, Brennholz für den Winter hacken, das
Dach neu decken, Leitern machen, ein verendetes Rind verscharren,
ins Holz gehen, sich als Tagelöhner verdingen, Speck zum Räuchern in
die Selchkammer hängen, Därme reinigen, Zäune richten, Werkzeuge
und Maschinen reparieren, Ferkel kastrieren, Ferkeln die Zähne abzwi-
cken, den Mais ernten, einen Boden betonieren, einen Silo bauen, einen
Weg oder Drainagen anlegen, die Jauche ausführen, das Weihwasser im

Stall erneuern, Ferkel oder anderes auf dem Markt verkaufen, eine Kuh decken lassen, ein Rind kaufen, einen zerrissenen Motorblock schweißen, kaputtes Schuhwerk flicken, ein Kalb mit einem Nabelbruch zum Metzger in das nächste Dorf bringen, Asche, Kalisalz oder Thomasmehl streuen, Bäume schneiden, Bäume spritzen, Bäume düngen, Runkelrüben stecken, ein Grundstück eggen, Holz sägen, Schotte holen, zu einer Versammlung des Versicherungsvereines gehen, Schotter fahren, Strom- oder Wasserleitungen verlegen, die im Acker an den unteren Feldrand gerutschte Erde wieder an den oberen Rand schaffen, Kraut schneiden und zu Sauerkraut verarbeiten, ein Rind mit gebrochenem Bein abstechen, den *Fortschrittlichen Landwirt* lesen, das Vieh zum Brunnen führen, an der Sitzung eines Ausschusses teilnehmen, Rindern und Kühen die Klauen schneiden, einen Bienenschwarm einfangen, schon wieder mähen, schon wieder Heu einbringen, die Qualität des Heus, des Mosts, des Schnapses und vieler anderer Dinge beurteilen, fähig sein, das Wetter einzuschätzen, Arbeitsökonomie besitzen, sich zwar fordern, aber nicht überfordern, Krankheiten von Tieren erkennen und behandeln, sich in der Not zu helfen wissen, Bäume pfropfen, Bäume schneiden, Pfropfreiser sammeln, einen Baum mit Frostschäden behandeln, Pilz- und Schädlingsbefall erkennen, Fett auslassen, Schnaps verwiegen, Sensen dengeln, Messer und Äxte schleifen, einen Hornschlitten beherrschen, eine Tanne in schwierigem Gelände fällen, Obst richtig lagern, die Tage erkennen, an denen Kühe und Schweine aufnahmefähig sind, erkennen, wann ein Schwein an Rotlauf erkrankt, erkennen, wann eine Kuh gebläht oder ein Euter entzündet ist, das Gefühl haben, wann aus einer Kuh nichts mehr wird, Tote zu Grabe tragen, in die Fronarbeit gehen, Kartoffeln auflesen, zerbrochene Scheiben erneuern, Butter und Käse machen, Bürgen und Gläubiger besänftigen, Zaunpfähle hobeln, eine Tür zimmern, ein undicht gewordenes Fass verschwellen, Holzstämme durch steile Rinnen talwärts befördern.

Diese Liste ließe sich lange fortsetzen. Ständig war an Dinge zu denken, auf Dinge zu achten, die mit der augenblicklichen Tätigkeit nichts oder nur bedingt zu tun hatten. Bäuerliche Tagebücher aus den dreißiger Jahren zeigen dies gut. Alles, was zu tun war, war Folge einer Dringlichkeit oder auch Gelegenheit. Musste ein Rind notgeschlachtet werden, so war alles andere aufzuschieben, ergab sich eine Gelegenheit, etwas Geld durch das Spritzen von Obstbäumen zu verdienen, so war der Mist an einem anderen Tag zu tragen. Dieses Durcheinander, immer abhängig von tages- oder jahreszeitlichen Rhythmen, war Ausdruck begrenzter Ressourcen. In den Ställen konnte nicht mehr Vieh stehen. Die bewirtschaftbaren Flächen waren knapp. Bei dem scheinbaren Durcheinander an Tätigkeiten handelte es sich um eine in Jahrhunderten entwickelte, höchst komplexe Struktur. Nur so war es möglich, trotz äußerst beschränkter Ressourcen zu überleben. Kühe und Ziegen, Ziegen und Schweine, alles stand in einem engen Verhältnis zueinander. Man konnte nicht mehr Schweine haben, als vorhandene Magermilch und Schotte erlaubten. Nichts durfte zu sehr in den Vordergrund rücken, wäre doch sonst anderes vernachlässigt worden.

Die Subsistenzwirtschaft kannte kaum Geld. Produziert wurde fast ausschließlich für den Eigenbedarf. Das wenige Geld, welches sich im Tagelohn, durch den Verkauf einer Kuh oder eines Stierkalbes, durch den Verkauf von Obst, Schnaps oder Holz verdienen ließ, wurde verwendet, um Grundnahrungsmittel wie Speiseöl, Mehl, Geräte zu kaufen. Mit zunehmender Einbindung in die Geldwirtschaft gewann die Buchhaltung, das tägliche Notieren von Ein- und Ausgaben an Bedeutung. Mit betriebswirtschaftlicher Kalkulation hatte dies jedoch lange wenig zu tun. Es war mehr eine Art Klageschreiberei, die daran erinnerte, dass das Milchgeld, das Holzgeld, das Geld der Metzgerei schon verbraucht war, ehe es sich als Haben verbuchen ließ. Glücklich war man, waren die Ausgaben im Dorfladen, war die letzte Rate des Güllefasses endlich bezahlt, die Elektrizitätsgesellschaft befriedigt oder waren die Schulden bei einem Handwerker getilgt.

Das Gegenstück zum Durcheinander der kleinbäuerlichen Kultur findet sich in der modernen Lebensmittelproduktion. Die Akteure vermögen bestenfalls einen kleinen Ausschnitt zu sehen. Ihre Handlungen sind denkbar einfach, planbar und entmischt. Hier gibt es, kann es keine Improvisation geben. Der zum Arbeiter oder zu einem Unternehmer gewandelte Bauer, der einen Mastbetrieb führt, muss nicht wissen, wo das Futter erzeugt wird, auf welchen Feldern oder Kontinenten es wächst. Er muss einzig den Lagerbestand kennen, wissen wie Maschinen in Bewegung zu setzen und zu kontrollieren sind, wissen, was es bedeutet, wenn die Lüftung ausfällt, er muss die Termine kennen, an denen die Hähnchen gefangen und in Lattenkisten gestopft werden müssen, um in die Hühnerschlächterei abtransportiert zu werden. Er sollte auch die Anzeichen einer ausbrechenden Infektionskrankheit erkennen. Seine unmittelbare Erfahrung beschränkt sich auf den Lastwagenfahrer, der das Mischfutter bringt und die Silos füllt. Er mag den Namen von Firmen und Konzernen kennen, die das Mischfutter herstellen, aber schon die Besitzverhältnisse werden ihm verborgen bleiben. Bestenfalls kennt er die Zusammensetzung des Futters, weiß, ob darin Fischmehl enthalten ist oder nicht. Aber selbst das ist unwahrscheinlich. Alle Fortschritte in der Landwirtschaft verdanken sich der bürgerlichen Hygienekultur des neunzehnten Jahrhunderts, dem Wissen, dass Entmischung profitabler ist als das Durcheinander der bäuerlichen Kultur.

Entmischung bedeutet die Schaffung kontrollierbarer Bedingungen. Mastbetriebe sind klimatisiert, Tagesrhythmen werden mit Hilfe von Licht simuliert; Jahreszeiten gibt es ebenso wenig wie natürliche Wetterbedingungen, es sei denn, an einem heißen Augusttag fällt die Lüftung aus. Dies lässt an künstliche Welten auf Planeten denken, in denen unter einer hermetischen Hülle konstante Klimabedingungen geschaffen werden, um dem Menschen das Leben zu ermöglichen. In der Raumfahrt sind die Übergänge zwischen dem Innen- und dem Außenbereich zwar komplizierter, aber auch in der industriellen Lebensmittelproduktion kommt diesen Bereichen eine entscheidende Bedeutung zu. Alles, was unkontrolliert von außen eindringt, gefährdet Gewichtszunahme und Gewinn. Natürliche Feinde wie Füchse sind leicht fernzuhalten, auch Katzen, die schnell lernen, dass Masthühner im Gegensatz zu freilebenden eine leichte Beute sind. Der Mensch selbst wird zur Störung. Die Unruhe, die er in Mastbetriebe hineinträgt, lässt sich als verlorenes Gewicht oder Futter berechnen. Vor allem drohen durch diese Schleusen gefährliche Keime zu dringen, die in diesem feuchtwarmen Klima ideale Bedingungen finden.

Eine Geschichte, die in meiner Kindheit öfters erzählt wurde, handelte von einem Pferd. Eine Familie war bei der Heuarbeit, als das Fehlen eines Kindes entdeckt wurde. Die Eltern sollen nach dem Buben gesucht haben, konnten diesen jedoch nirgends finden. Als das Pferd in den Stall gebracht werden sollte, scheute es an der Schwelle. Selbst mit Schlägen habe man es nicht dazu bringen können, auch nur ein Bein über die Schwelle zu setzen. Schließlich wurde im Stall der leblose Körper des ermordeten Jungen entdeckt. Diesem Pferd wurde eine besondere Sensibilität zugeschrieben. Es soll etwas empfunden haben, wozu die Menschen nicht fähig sind. Wenngleich manche Sinne von Tieren jenen der Menschen überlegen sein können, so ist doch anzunehmen, dass die Geschichte von diesem Pferd wenig mit dem tatsächlichen Ereignis zu tun hat. Das vor der Schwelle scheuende Pferd erlaubt ein retardierendes Moment, eine erzähltechnische Verzögerung und somit die Zuspitzung auf den dramatischen Höhepunkt, nämlich die Entdeckung des toten Kindes. Vielleicht scheute das Pferd einfach deshalb, weil es vom grellen Sonnenlicht in einen dunklen Stall treten sollte. In dieser Geschichte spielt die Tür eine ebenso wichtige Rolle wie das Pferd. Mag sie auch offen stehen, so trennt sie doch zwischen Innen und Außen, Davor und Danach. Gleichzeitig behauptet sie einen Zusammenhang zwischen dem Innenraum und dem offenen Feld, zwischen dem, was geschieht, mit dem, was geschehen ist.

Die Häuser der Bauern waren sehr durchlässig und offen. Kinder konnten fast ohne Mühe von einem Haus in ein anderes wechseln, von einer Küche in eine andere, von einem Stall in einen anderen. Sie spielten auf den Heuböden der Nachbarn, wagten sich selbst in deren Keller vor. Ihnen waren die unterschiedlichsten Gerüche von Räumen vertraut.

Jede Küche, jeder Hausgang, jede Tenne hatte ihren eigenen Geruch.
Häuser wurden weniger abgesperrt als symbolisch verschlossen. Jeder
wusste, wo der Schlüssel der Haustür zu finden war. Oft wurde er einfach
in ein Blumenkistchen auf einem Fenstersims gelegt. Auf der Rückseite
blieben die Gebäude oft unversperrt. Bestenfalls waren sie einfach verrie-
gelt. Fremde betraten die Häuser in der Regel nur von der Straßenseite.
Unbekannte, die sich in Abwesenheit der Bewohner auf der rückwärtigen
Seite eines Hauses zu schaffen machten, galten als verdächtig. Sagte man,
jemand sei um das Haus geschlichen, so vermutete man eine böse Ab-
sicht. Die kleinbäuerliche Welt kannte ein großes Unbehagen gegenüber
allem Isolierten, insbesondere gegenüber bindungslosen Menschen.

In der Durchlässigkeit der Häuser bricht sich in vielfältigster Weise
die Durchmischung von Lebensbereichen und Tätigkeiten. Ein ständiges
Hinaustreten und Eintreten. In das Haus, in die Küche, in den Stall,
in die Arbeit, in die Kirche, in das Leben, in das Jenseits. Ist das ganze
Leben heillos vermischt, dann bedarf es symbolischer Akte, die das eine
vom anderen scheiden. Weihwasser, es sollte vor Unbill und schlechten
Gedanken bewahren, kam nicht zuletzt diese Funktion zu. Nicht zufällig
befanden sich Weihwasserkesselchen immer in Türnähe, wurde Weihwasser beim Betreten oder Verlassen eines Raumes benutzt. Die sinn-
liche Erfahrung: abgestandenes, oft fast schmieriges Wasser, die Abnei-
gung der Kinder, damit benetzt zu werden. Hätte man den befeuchteten
Finger zum Mund geführt, es hätte einen schalen Salzgeschmack hinterlassen. Mochten die Kinder auch zwischen den Häusern wechseln, so
kannten sie die Scheu, ein fremdes Haus in Abwesenheit seiner Bewohner zu betreten. Was für ein Schrecken, unvermutet einen fremden
Mann im Heu schlafend zu sehen!

Vor einigen Jahren sah ich eine beeindruckende Arbeit des Künstlers
Pawel Althamer. In einem leerstehenden Stall – der typische Geruch ließ
mich wissen, dass hier vor nicht allzu langer Zeit noch Kühe standen
– zeigte er eine lebensgroße Nachbildung seiner Tochter, eine Puppe, aus
Heu, Kuhdärmen und einem menschlichen Schädel geformt, den er auf
einem Flohmarkt in Warschau gekauft hatte. Um diesen Stall zu betreten, musste man einige Scheu überwinden. Da ein klarer schriftlicher
Verweis auf das Kunstwerk fehlte, keine Menschenseele zu sehen war,
die man hätte fragen können, war man gezwungen, Türen zu öffnen,
fremde Türen. Immer in solchen Situationen fühlt man sich beobachtet.
Man vermutet jemand hinter den Gardinen des gegenüber liegenden
Hauses, denkt heute auch an Videoüberwachung. Öffnete man die Türe
des Stallgebäudes, in dem sich das Kunstwerk fand, sah man in den Vor-
raum eines Stalles. Werkzeuge, der übliche Schmutz, am Boden Heu und
Stroh. Man musste eintreten und eine zweite Tür öffnen. Da stand dann
dieses nackte Mädchen und hielt einen Stock in der Hand. Am Ende
dieses dünnen Stockes war an einem Faden eine Feder befestigt, die sich
im Luftzug der geöffneten Fenster leicht bewegte. Während grobe Nähte

die Kuhdärme brachial zusammenhielten, waren andere Stellen des Mädchenkörpers, etwa Gesäß, Gesicht und Geschlecht sorgfältig modelliert. Nur die Leichtigkeit und das fast Schwebende der Figur, der falsche Ort wie auch der feine Grünton des Heus, der durch die getrockneten Därme schimmerte, ließen mich wissen, kein anatomisches Präparat vor mir zu haben. Ich fühlte mich an die bekannte Scheu erinnert, hatte Angst, beim Betreten der Bretter könnte die Puppe umstürzen oder sonst ein Unglück geschehen.

55

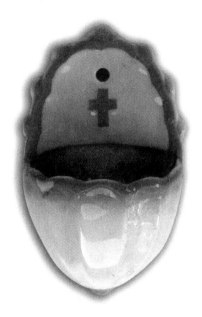

Zwetschkenkerne, die sich in einem Keller hinter einem Maischefass fanden. Die Häuser der Bauern waren nicht nur für Menschen, sondern auch für Tiere durchlässig. Während des Sommers in den Küchen das Geschwirr von Fliegen. Man versuchte durch das Kalken der Wände ihrer Herr zu werden, später durch Fliegenfänger, die über Herd und Tisch hingen. Man teilte das Haus mit Mäusen, die in den Zwischendecken lebten. Man sah sie zwar selten, Spuren wie angefressene Lebensmittel oder Mäusekot in schlecht verschlossenen Kästen waren allgegenwärtig. Vergaß man den Milchkrug mit einem Deckel zu verschließen, so konnte sich anderntags eine tote Maus darin finden. Nachts erinnerten Geräusche an die Anwesenheit von Mäusen. War es leise, konnte man selbst das Nagen der Holzwürmer in den Balken hören. Die Vorstellung, dass sich so kleine Lebewesen durch das trockene Holz fressen und in ferner Zeit das Haus zum Einstürzen bringen, hat etwas Schönes. Einnisten konnten sich auch Marder, Katzen oder Wespen. Der Kot von Mardern auf Dachböden war nichts Ungewöhnliches. Nachts konnten auch Füchse ins Dorf kommen und in Ställen nach Fressbarem suchen. Katzen, vor allem gute Mäusefängerinnen, begegnete man mit seltsamem Respekt, wenngleich sie nur mit Milch bedacht wurden. Damals waren Katzen noch wirkliche Zaunreiterinnen zwischen der Welt des Menschen und jener der Tiere. Es zählt zu meinen angenehmsten Kindheitserinnerungen, in Räumen zu schlafen, in denen man die Kau- und Atemgeräusche von Kühen hört, nur durch eine Holzwand von ihnen getrennt.

Während ihrer Monatsblutung durften Frauen keine Kirschen ernten. Die Bauern waren fest davon überzeugt, dass dies eine Schädigung des Baumes zur Folge haben werde, dieser womöglich absterbe. Solche Verbote, die regionale Abweichungen kennen, konnten sich auch auf die Zubereitung von Speisen beziehen, etwa das Einpökeln von Fleisch. Würde Fleisch von einer Frau während ihrer Blutung eingepökelt, dann könne es nicht lange haltbar sein. Während der Regel sollten sie es meiden, in den Keller zu gehen, um in diesem dunklen, feuchten Raum in Steinguttöpfen eingelegte Bohnen oder Gurken zu holen. Selbst ihr Blick drohte den Most in einem Fass zu verderben. Man assoziierte die menstruierende Frau mit Verfall, vor allem mit Fäulnisprozessen. Die Vorstellung, ein Kirschbaum würde Schaden nehmen, würde er von einer menstruierenden Frau geerntet, erscheint uns irrational. Man darf aber nicht vergessen, dass die kleinen Bauern in besonderer Weise den Zufällen der Natur ausgeliefert waren. Ihre archaischen Vorstellungen die Regel betreffend werden in diesem Zusammenhang verständlich. Die Beachtung, die ihr geschenkt wurde, verdankt sich nicht zuletzt dem Umstand, dass sie zyklisch auftritt und somit zu den Zyklen der Natur in Beziehung gesetzt werden kann. Auch die Beachtung des Mondes wäre hier zu nennen. Der Monatsblutung wurde keineswegs nur eine zersetzende Kraft zugeschrieben, sie vermochte auch das Wachstum zu begünstigen, Einfluss auf die Natur zu nehmen. Nicht zufällig warnten Mütter ihre Töchter davor, während der Monatsblutung auf dem Acker zu arbeiten. Die Erde entfalte eine ziehende Wirkung.

Die weißen Tücher muss man sich blutgetränkt vorstellen. Nach einer Geburt oder Fehlgeburt konnten sich solche Tücher in kaltem Wasser sammeln. Es gab verheiratete Frauen, die kinderlos blieben. Manche Frauen brachten jedoch zwölf oder noch mehr Kinder zur Welt. Viele von ihnen waren früh ausgezehrt, nicht wenige unter ihnen sind buchstäblich verblutet. Kindersegen war aus unterschiedlichen Gründen gefordert. Es bedurfte eines Hoferben. Die Generationenfolge musste aufrechterhalten bleiben. Die Kindersterblichkeit war hoch. Der Kinder bedurfte es auch der Arbeit wegen. Und schließlich sollten Kinder einmal den Lebensunterhalt ihrer alt gewordenen Eltern sichern. Für Hebammen und Ärzte, sofern letztere überhaupt zu einer Geburt gerufen wurden, war es nichts Ungewöhnliches, dass eine Frau im Kindbett starb. Auch in der kleinbäuerlichen Kultur fällt der Geburtenrückgang mit der Einführung der Pille zusammen. An der Pille, dieser von den Kanzeln geschmähten Hormongabe, lag es jedoch nicht. Entscheidender waren gesetzlich geregelte Bestimmungen der Altersvorsorge, die Mechanisierung der kleinbäuerlichen Landwirtschaft wie ein zwar bescheidener, aber bis dahin nie gekannter Wohlstand, Folge des Fremdenverkehrs oder anderer Verdienstmöglichkeiten. Letzterem verdankten sich Vorstellungen von Autonomie, freier Partnerwahl oder Familienplanung. Mit der Einführung des Bades oder des Fernsehers schrumpfte die einstige bäuerliche Großfamilie zur Kleinfamilie. Erst die Möglichkeiten der Bildung, der freien Berufswahl (mochte dies auch Fabrikarbeit bedeuten) oder jene der Mobilität erlaubten ein neues Familienbild. Wenige statt vieler Kinder. Diese sollten jedoch das erreichen, was vor allem ihre Mütter erträumten, diesen aber versagt blieb. Während die Frauen weniger Kinder haben wollten und auch weniger Kinder zur Welt brachten, kümmerten sich Tierärzte im Stall um optimale Befruchtung. Dazu hat es wohl kaum eine Predigt gegeben.

Geschlechtliches wurde bereits dann vermutet, wenn sich ein Mann
mit einer Frau an einem falschen Ort oder zur falschen Zeit traf. Ein
verheirateter Mann konnte sonntags nicht einfach mit einer Frau einen
Waldspaziergang machen. Da mochte er noch so viel Distanz zu ihr
haben, nicht das geringste Begehren empfinden, soviel Nähe wurde mit
geschlechtlichen Bedürfnissen, letztlich praktizierter Sexualität assoziiert.
Drama an Drama ließe sich hier auflisten, verbotene Liebschaften oder
die Ächtung lediger Mütter. Zur kirchlichen und kollektiven Kontrolle
allen fleischlichen Begehrens fügte sich die mühevolle Arbeit, die es
nur bedingt zuließ, allzu viel Blicke zu tauschen oder sich komplexeren
Liebesregungen hinzugeben. Nach der Geburt galten Frauen als unrein.
Sie durften erst wieder der Messe beiwohnen, wenn sie sich einer priester-
licher Reinigungszeremonie unterzogen hatten. Selbst eheliche und der
Fortpflanzung verpflichtete Sexualität bedeutete eine Verunreinigung,
die der Beichte bedurfte. Männer wurden mit völlig anderen Maßstäben
gemessen. Wurde dem Mann die Befriedigung seiner Bedürfnisse zugestanden, so galt die Frau auch dann als sündhaft, wenn sie gegen ihren

Willen zum Beischlaf gezwungen wurde. Unehelich geborenen Kindern drohte wie ihren Müttern die Ächtung. Die Marienverehrung fügt sich zu all diesen Bildern. In nahezu jedem der Häuser fand sich eine Lourdesmadonna, die sich in ihrer letzten Erscheinung Bernadette gegenüber als »unbefleckt Empfangene« zu erkennen gab. Vier Jahre vor dieser Erscheinung hatte Papst Pius IX. das entsprechende Dogma verkündet. Die Lourdesmadonna zeigt Maria mehr als kindliches Geschöpf denn als reife Frau. Trotz aller Verdeckung und Verhüllung wird ihr Körper betont. In eigenartiger Weise rückt sie damit in die Nähe einer Braut. Sie lässt an Prinzessinnen oder helfende Feen in Grimm'schen Märchen denken. Der Erfolg der Lourdesmadonna verdankte sich weiblicher Frömmigkeit. Frauen konnten sich an sie nicht nur in größter Not wenden, sie bot auch Identifikationsangebote. Für die Frauen kleiner Bauern, die oftmals Jahr für Jahr schwanger wurden, und dies oft auf Matratzen, die bestenfalls mit Stroh und Laub gefüllt waren, die ihre Kinder unter Schmerzen zur Welt brachten, die gezwungen waren, oft bis zur Geburt zu arbeiten und nach der Entbindung möglichst bald wieder mit der Arbeit zu beginnen, muss die Vorstellung einer unbefleckten Empfängnis eine erbauliche Vorstellung gewesen sein.

Die Ächtung unehelich geborener Kinder und ihrer Mütter, mag diese uns noch so hart erscheinen, wird verständlicher, sieht man sie im Zusammenhang mit jenen Überlebensstrategien, welche die kleinbäuerliche Kultur im Laufe vieler Jahrhunderte entwickelt hat. Das Überleben war eng an die Generationenfolge geknüpft. In einem Gefüge, in dem Verwandtschaft eine so große Rolle spielte, durfte es keine ledigen Kinder geben. Wir denken an Sexualität und Psychologie, aber all dies hatte wenig mit dem einen, gar nichts mit dem anderen zu tun. Bis in die jüngste Vergangenheit waren der kleinbäuerlichen Kultur unsere Vorstellungen von Autonomie fremd. Jeder verstand sich als Teil eines komplexen sozialen Gefüges. Mochte sich ein Brautpaar auch mögen, die Vorstellung einer Liebesheirat war ihm fremd wie auch jede Heirat nicht allein das Brautpaar, sondern alle betraf. Es entbehrt nicht einer gewissen Ironie, dass die unbefleckte Empfängnis in der Zwischenzeit in die Ställe Einzug gehalten hat. Auserwählte Kühe werden heute befruchtet, ohne nur einmal den Geruch eines Stieres aufgenommen, sein Gewicht auf dem eigenen Leib gespürt zu haben.

Ein Taufkleid aus weißer Seide. Die Stickereien zeigen ein Kreuz in
Ährenform, das IHS-Zeichen mit Herz und ein Kreuz in einem Strah-
lenkranz. Haube und Saum des Kleides sind mit einem durchlaufenden
Kreuzband geschmückt.

Das seidene Taufkleid ist eine zweite Haut für das neue Menschen-
kind. Dieses Taufkleid diente nicht dazu, den Körper eines Säuglings
vor Kälte zu schützen. Es wurde als magischer Mantel über seine Kleidung gestreift. Die Seide ist mit schutzbringenden Zeichen bestickt.
IHS. Angesichts des Namens Jesus stürzen die Teufel in die Tiefe. Es
bedurfte der Taufe, um das Kind in die Gemeinschaft der Lebenden auf-
zunehmen. In der Kirche wurde ein reinigendes Wasser- und Lichtopfer
dargebracht. Wie viel Arbeit, wie viele Blicke haben diesem Stück Seide
gegolten, wie oft muss es durch Hände und Finger geglitten sein. Seine
Einzigartigkeit leitet sich nicht aus der Vorstellung ab, ein originäres
Muster zu entwerfen. Im Gegenteil, alle Zeichen, die auf Taufkleider
gestickt wurden, waren Vorlagen abgeschaut. Auf solche Gesten hat
die Warenwelt zersetzend gewirkt. Wenn auch Taufkleider dem rasch
wechselnden Geschmack der Zeit unterliegen, dann löst sich das Ritual
auf. Massenware verweigert letztlich alle Erinnerung, sie sagt nur, im
Jahr 1963 hatten die Menschen diesen oder jenen Geschmack. Das industriell gefertigte Taufkleid ist keine Kostbarkeit, welches man, erwachsen
geworden, mit großem Respekt aus einer dicht verschlossenen Schachtel
nimmt, wohl wissend, was Mütter einmal mit der Tatsache verbanden,
guter Hoffnung zu sein.

Werden Kühe und Schweine künstlich besamt, dann muss man mit der Kuh nicht länger zum Gemeindestier, mit der Sau nicht zum Eber. Rindrige Kühe können ganz schön bockig sein, den Weg zum Stierhalter zu einem langen Weg machen, zumal im Winter, wenn sie wochenlang angekettet stehen und sich, sind sie erst einmal von der Kette gelassen, Luft machen müssen - und dies noch in einem Zustand hormoneller Erregung.

1780, hundert Jahre nach der Entdeckung der Samenfäden durch Antoni van Leeuwenhoek, führte der italienische Geistliche Lazzaro Spallanzani an einer Hündin einen Versuch einer künstlichen Befruchtung durch. Er manipulierte das Glied eines Spanielhundes bis zum Samenerguss und injizierte den Samen »mittels einer kleinen Spritze«, die er auf Körpertemperatur erwärmt hatte, einer läufigen Hündin. 62 Tage später warf die Hündin drei gesunde Welpen. Spallanzani schrieb, niemals sei ihm »ein lebhafteres Vergnügen zuteil« geworden, allerdings nicht ohne hinzuzufügen: »Mein Geist übervoll der Verwunderung und des Staunens, kann nicht an die Zukunft dessen denken, was ich entdeckt habe.«

In der Tierzucht kam die künstliche Befruchtung erstmals Ende des neunzehnten Jahrhunderts zur Anwendung. Voraussetzung war nicht allein, Tiere mit gewünschten Eigenschaften zu finden, vielmehr galt es, den Zuchtzielen entsprechende Bewertungskriterien zu definieren. Dazu zählten beim Rind, und zwar je nach Rasse und Zuchtziel verschieden, etwa die Größe der Hörner, des Euters, die Breite des Beckens, Schulterhöhe, Milchmenge, Durchfließgeschwindigkeit der Milch pro Zitze und vieles andere. Stiere sollten aggressiv sein, Kühe dagegen gutmütig. Die künstliche Besamung hatte einen Beschleunigungsschub in der Multiplikation gewünschter Merkmale zur Folge. Eine praktische Voraussetzung fand sich in der Möglichkeit, Samen in flüssigem Stickstoff bei minus 196 Grad tiefzugefrieren. Die künstliche Befruchtung setzte sich auch in der kleinbäuerlichen Landwirtschaft spätestens in den 70er Jahren des letzten Jahrhunderts durch. Nicht länger bedurfte es eines Gemeindestieres. Gute Zuchtstiere waren teuer, für die Bauern kleiner Dörfer oft nicht finanzierbar. Auch fielen Kosten durch die Haltung an. Oft sprangen die Stiere nicht oder Kühe nahmen nicht auf. Kühe konnten auch beim Bespringen verletzt werden. Dank künstlicher Befruchtung hatten nun auch kleine Bauern Zugang zu hochwertigem Samen. Vor allem wurden die langen und oft ergebnislosen Wege zum Stierhalter überflüssig. Der künstlichen Befruchtung verdankt sich eine enorme Leistungssteigerung. Das Aussehen von Kühen und Schweinen ist dagegen sehr einförmig geworden.

Trotz der großen Bedeutung, welche die künstliche Befruchtung in der Tierhaltung spielt, angesichts neuer Fortpflanzungstechnologien erscheint sie als geradezu primitives Verfahren. Hochleistungskühe lassen sich heute mit Hilfe von Hormongaben zu einer »Superovulation« anregen. Nach der Besamung werden mehrere befruchtete Eizellen ausgespült und direkt auf andere Kühe übertragen oder für den späteren Bedarf oder Verkauf tiefgefroren. Es lassen sich auch Eizellen gewinnen und in vitro, also außerhalb der Gebärmutter zu Embryonen entwickeln. Heutige Bauern kennen Begriffe wie: »Kryokonservierung«, »Direkttransfer«, »In-vitro-Produktion«, »Superovulation«, »Embryogewinnung«, »Follikelpunktion« und so fort. Der Architekt Sigfried Giedion, der sich in seinem 1948 erstmals erschienenen Standardwerk *Die Herrschaft der Mechanisierung* detailliert mit der Technikgeschichte der Landwirtschaft und Lebensmittelindustrie beschäftigt hat, schrieb damals, dass ein gefährlicher Punkt erreicht sei, wenn die Zeugung zu einem mechanisierbaren Vorgang werde. Die Möglichkeiten heutiger Fortpflanzungstechnologien vermochte er sich nicht vorzustellen.

Die Vorstellung einer Kindheit, wie wir sie heute kennen, war der kleinbäuerlichen Kultur ebenso fremd wie dies heute noch für alle Subsistenz-
wirtschaften der Dritten Welt gilt. Kinder wurden nicht als Kinder
gedacht, sondern als unfertige Erwachsene. Schon früh wurden sie zur
Arbeit angehalten. Dementsprechend spielten Kinder vor allem das,
was Erwachsene taten. Spielzeug im eigentlichen Sinn, also von Erwachsenen für Kinder zum Zweck des Spiels hergestellte Objekte, vor allem
gekaufte Spielsachen gab es selten. Bestenfalls fand sich jemand, dem es
Spaß machte, Kindern aus Abfallholz etwa Fahrzeuge oder Holzhäuser
zu basteln. Manchmal machte sich jemand sogar die Mühe, diese zu
bemalen. Die Vorstellung, Kinder unterhalten oder zu Spielen anleiten
zu müssen, war den kleinen Bauern fremd. Kinder kannten viele Nöte,
Langweile jedoch nicht.

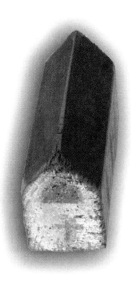

Trotz der allgemeinen Schulpflicht war Bauernkindern bis in die 60er
Jahre des zwanzigsten Jahrhunderts der Besuch einer höherbildenden
Schule weitgehend verwehrt. Eine wichtige Ausnahme bildeten Buben,
die Priester werden sollten. Sie fanden nach entsprechender Empfehlung
durch den Pfarrer Aufnahme in einer kirchlichen Bildungseinrichtung.
Die meisten Kinder lernten bestenfalls Lesen, Schreiben wie die Grund-
rechnungsarten. Die Lernziele orientierten sich an den Anforderungen
bäuerlichen Lebens. Bei Mädchen wurde auch daran gedacht, einen Brief
an eine Herrschaft zu schreiben, um sich womöglich als Dienstmädchen
verdingen zu können. Die Schule diente vor allem der Einübung in dis-
zipliniertes Verhalten. Still sitzen, schön schreiben, erst dann antworten,
wenn man gefragt wird. Schläge und andere Formen der Züchtigung
zählten zum pädagogischen Grundvokabular. Waren ältere Schüler bei
der Heuarbeit oder bei anderen Arbeiten unabkömmlich, so konnten sie
ohne große Schwierigkeiten von der Schule fern bleiben. Für Buben, die
als Junghirten auf die Alm geschickt wurden, endete das Schuljahr mit
dem Almauftrieb.

In den sechziger Jahren waren junge Frauen erstmals in kurzen Hosen und T-Shirts bei der Feldarbeit zu sehen, später im Badeanzug, Burschen mit nacktem Oberkörper, stolz auf ihren ersten Sonnenbrand, später braungebrannt. Ohne Zweifel wussten auch Mädchen und Frauen früherer Generationen, den eigenen Reizwert mit Hilfe der Kleidung zu erhöhen. Aber mit dem Badeanzug, der damals erstmals bei der Heuarbeit auftauchte, behaupteten sich neue Körpervorstellungen. Die Mädchenkörper kannten plötzlich deutlichere Konturen. Die Beine verschwanden nicht länger irgendwo rätselhaft unter Röcken, nun wurde gezeigt, dass diese mit dem Rumpf verbunden sind. Haut, lange Zeit verbotene Haut, war nun zu sehen. So viel Selbstbehauptung war ein den Eltern hart abgerungener Kompromiss. Während sich andere an heißen Tagen in Schwimmbädern tummelten, mussten Bauernkinder auf dem Feld arbeiten. Wenigstens Freizeit- und Badebekleidung, mochte sie auch noch so schüchtern sein, wollten sie tragen.

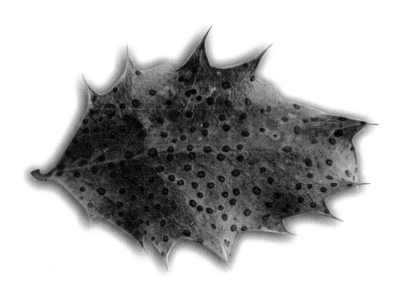

Es gab einzelne Pfarrer, die sich als Aufklärer verstanden, die sich für Bildung, die Errichtung von Jauchengruben, für das Genossenschaftswesen oder für die Elektrifizierung der Dörfer einsetzten. Es gab andere, die in üppigen Bildern das Ende der Welt beschworen. Sei die Welt einmal von Drähten überzogen, würden Frauen auf rotlackierten Stöckelschuhen auf Miststöcken stehen, dann sei der jüngste Tag nicht mehr ferne. Die Mehrzahl der Pfarrer entwickelte weder in der einen, noch in der anderen Richtung eine besondere Aktivität. Einmal in ihr dörfliches Reich eingeführt, beschränkten sie sich darauf, schön gewandet Messen zu lesen, von den Gefahren des Begehrens zu predigen und ihr überschaubares Kirchenvolk auf den rechten Weg zu leiten. Der restaurative und repressive Katholizismus, der sich während der Gegenreformation bereits deutlich abzeichnete, erreichte seinen Höhepunkt im neunzehnten Jahrhundert. An die Stelle repräsentativer Bauten traten Massenprodukte, zu denen unzählige Publikationen wie Heiligenbildchen ebenso zählten wie die vielen damals errichteten neugotischen Altäre, die es nur geben konnte, weil es entsprechende Maschinen gab. Wie keine andere gesellschaftliche Schicht war die kleinbäuerliche Kultur anfällig für die so vermittelten Bilder. Der Katholizismus mit seiner Sakramentenlehre und seinem Opferglauben ist bis heute archaischen Bildern verpflichtet. Man denke an den jenseitigen Kosmos mit den unzähligen Heiligen, Engeln oder Armen Seelen. Bis in die jüngste Gegenwart waren Bauern der Natur in bedrohlicher Weise ausgeliefert. Unwetter, Dürre,

Krankheiten, plötzliche Kälteeinbrüche konnten wie vieles andere zur existenziellen Bedrohung werden. Die Bauern waren auf die Hilfe der Mutter Gottes, auf die Hilfe Heiliger, vor allem auf jene der Armen Seelen angewiesen. Zweifellos haben sie auch geholfen. Die Kirche bot Trost, Hoffnung und Absolution. Dann kam dem Pfarrer eine wichtige Regulierungsfunktion in einem sozialen Gefüge zu, welches trotz allen Ausgleichs vielfältigste Konflikte kannte. Und schließlich bot die Kirche Erfahrungen des Schönen, wichtig in einer Welt, die durch Armut und Kargheit geprägt war. Die Einführung eines neuen Pfarrers war eine der wenigen Möglichkeiten, dass sich ein Dorf pompös entfalten konnte. Tagelang saßen Frauen, um aus Stechlaub Girlanden aufzufädeln, die dann an Torbögen, Portalen und Türen oder im Kirchenraum neben anderem Schmuck angebracht wurden. Viele kleine Hautverletzungen, nicht kanonisierte Bußübungen, Ablässe, Vorleistungen für ein besseres jenseitiges Leben. Während es manchmal Jahrzehnte dauerte, bis ein neuer Pfarrer kam, wiederholte sich das Fronleichnamsfest jährlich. Ein verschwenderischer Fruchtbarkeitskult, ehemals. Gott wurde auf üppig mit Blumen bestreuten Wegen durch das Dorf getragen. Auch die kleinbäuerliche Kultur kannte ihre Verschwendungssucht.

HORNHALTER

Die Bauern zeigten weniger sich selbst als ihre Kühe. Auf Versteigerungen, Viehmärkten oder Prämierungsveranstaltungen wurden sie wie Bräute vorgeführt. Wurde bei einem Verkauf ein guter Preis erzielt, mochte sich der Einzelne zwar freuen, in die Freude mischte sich aber auch ein Gefühl von Trauer. Besonders besetzt waren jene Kühe, die die Bauern selbst aufgezogen, durch Auswahl oder Zuwendungen zu einer schönen, zu einer guten Kuh gemacht hatten. Auf wohl geformte Hörner waren sie besonders stolz. Die Hörner sollten nicht zu kurz sein, in einem eleganten Bogen nach oben führen, spitz zulaufen und vor allem eine klare Symmetrie aufweisen. Mit Hilfe von Hornhaltern wurde versucht, ihnen die richtige Form zu geben. Trotz aller Verliebtheit junger Burschen, die wirkliche und oft lebenslang anhaltende Leidenschaft galt nicht den Frauen. Sie galt den Kühen. Ihnen gegenüber konnten sie wirklich zärtliche Gefühle hegen.

Das Erstaunlichste an Kühen ist ihre Trägheit, ihr Gleichmut. Ihre vier Beine tragen auch dann, wenn sie nicht hochgezüchtet sind, schwer am Gewicht ihres Körpers. Kühe lassen an einen Tisch denken, der gleichzeitig ein Magen ist. Trotz ihres beachtlichen Verdauungsapparates sind sie nicht gefräßig. Der größte Teil ihrer Kaubewegungen gilt nicht dem frischen Gras, sondern dem, was sie in ihrem Magen vorrätig halten. Von allen Tieren verströmen die Kühe den angenehmsten Geruch. Während Hunde und Katzen aus dem Maul stinken, duften diese Wiederkäuer. Der angenehme Geruch der Kühe ist Ausdruck ihrer Genügsamkeit. Man muss ihre Klauen bewundern, mit denen sie Halt am Boden finden, manchmal so, als seien sie angewurzelt wie die Pflanzen, deren Blätter sie fressen. Werden Kühe auf einen Viehtransporter getrieben, verlieren sie ihre Erdung. Ungestüme Bewegungen verraten ihre Aufregung und Angst. Was nützt es schon, wenn auf dem Lastwagen die Aufschrift zu lesen ist: Tiertransporter mit Herz. Nicht nur die alten Ägypter haben sich das Himmelsgewölbe als Kuhbauch gedacht, auch die kleinbäuerliche Kultur kannte die Analogie zwischen Kuheuter und Firmament, Milch- und Regengüssen. Der urbane Mensch vermag kaum eine Kuh von einer anderen zu unterscheiden. Dabei ist jede Kuh ein einzigartiges Geschöpf, hat nicht nur ihr eigenes Aussehen, sondern ihren eigenen Charakter, der sich ebenso durch Geselligkeit auszeichnen kann wie durch Eigenbrötelei. Jede Kuh hat ihre Art, die Schnittflächen zur Landschaft, zu anderen Tieren oder auch zu Menschen auszudrücken. Wenn wir ein Tier nicht verdienen, dann das Rind, die Kuh. Wir haben längst vergessen, was unsere Kultur dem Rind verdankt. An seine Stelle sind Hunde und Katzen getreten, an die wir das Rind verfüttern. Noch vor gar nicht so langer Zeit wurden Hunde und Katzen ganz anders betrachtet. Hunde und Katzen, zwar sehr verschieden, aber doch gleichermaßen Anpassungskünstler, sind längst auf die Seite des Menschen gewechselt. Wir sehen in ihnen vor allem Eigenschaften, die den Menschen bezeichnen. Die Kuh hat bis heute ihre Widerspenstigkeit, ihren Eigensinn behauptet, sich gegen die Vereinnahmung ihres Wesens gewehrt.

Was für eine Schande, Kühe dem Funktionskreis von Maschinen überantwortet zu haben, Melkrobotern oder Computerprogrammen, die entscheiden, wann eine Kuh als schlachtreif einzustufen ist. Ein beängstigendes Bild, spiegelt es doch, wie der Mensch sich selbst begreift. Dabei erinnert von allen Tieren keines so sehr wie die Kuh daran, dass die Götter einst nicht in Gestalt des Menschen, sondern in jener der Tiere über die Erde streiften.

Die kleinen Bauern wussten noch um das Wesen der Kühe, und dies auch dann, wenn sie oft wenig Scheu hatten, sie zu schlagen. Sie alle kannten das traurige Gefühl, war ein Platz im Stall verwaist, und sei es nur, dass eine Kuh verkauft wurde. Schweinen oder Hühnern gegenüber galten solche Empfindungen nicht. Mit den Kühen dagegen standen die Bauern in einem sehr engen, körperbezogenen Kontakt. So war es denn auch immer ein trauriger Tag, wenn eine der Kühe geschlachtet wurde. Bärbel – um nur eine mit Namen zu nennen – wurde gegen ihren Widerstand in den Schlachtraum geführt. Gottlieb, der Metzger, verstand sein Geschäft. Schon stürzte sie auf den Betonboden des unverputzten Raumes. Ihr Hals wurde geöffnet. Rhythmisch spritzte das Blut heraus.

Der Kopf mit den dunklen Augen und den weitausladenden Hörnern wurde abgetrennt. Der schwere Rumpf wurde an Seilen zur Decke hochgezogen, um ausgenommen, gehäutet und gespalten zu werden. Lange Jahre war diese Kuh die erste gewesen, die den Stall verließ, die erste, die ihn betrat. Während sich die anderen meist in der Enge der Stalltür stritten und drängten, ließ ihr jede andere Kuh und jedes Rind diesen Vortritt. Nie war ihr Platz im Stall unklar. Nun war eben dieser Platz leer, eine traurige Leere, während ihr gehäuteter Kadaver an der Decke des Schlachtraumes hing, die Kuhhaut auf dem Boden lag, daneben ihr abgetrennter Schädel, die Gedärme in einem Schubkarren dampften und der Bauer mit einem Wasserschlauch damit beschäftigt war, den Betonboden zu reinigen. Bäuerliche Trauerarbeit. Die Präsenz des Todes in der kleinbäuerlichen Kultur bildete ein erstaunliches Regulativ im Umgang mit Tieren, welches unsere Gesellschaft nicht mehr kennt.

Vielleicht der hervorstechendste Geruch der Viehapotheke, wurde der Deckel der Truhe geöffnet. Der Geruch des Bockshornklees hat eine süßliche wie eine scharfe Note. Er ist von bitterem Geschmack. Förmlich schrie es dieser Geruch heraus: Ich heile, ziehe Eiter aus Wunden, bringe Entzündungen zum Abklingen, wenn es nur jemand versteht, mich zu einem warmen Brei zu verrühren und zur rechten Zeit an der richtigen Stelle aufzutragen.

Die Mittel der Viehapotheke waren beschränkt. Kalbte eine Kuh, so wurde ihr Brombeertee vorgesetzt, in einer kleinen Blechwanne, die anderntags dazu dienen konnte, die Kinder zu baden. Dieser Tee war mit einem Kilo Zucker gesüßt. Die Kühe wussten um das Privileg, als einzige so einen Tee zu bekommen. Anders war es dagegen, wenn einer kranken Kuh Speiseöl eingeschüttet wurde. Bis in den Schlund wurde die Flasche hineingeschoben, die Kuh würgte, streckte ihren Kopf hoch, während Schaum aus ihrem Maul quoll. Krankheiten wurden als Folge eines aus den Fugen geratenen Gleichgewichts verstanden, die Behandlung als Versuch, dieses wieder herzustellen. Der gesüßte Brombeertee bezeichnete den Verlust des Kalbes, die Leere im Körper sowie jene Vitalität, welche die Kuh beim Kalben eingebüßt hat. Er wurde als Hinzufügung verstanden, um das Fließen der Milch anzuregen. Es gab die Vorstellung, eine Kuh, die zu gut genährt sei, würde nur schwer trächtig werden. Nahm eine Kuh nicht auf, so wurde vor allem aus ihrem Körper abgeleitet, gleichsam Platz geschaffen. Das übliche Mittel dazu war der Aderlass. Bei Entzündungen mussten Hitze und Eiter abgeleitet werden, unter anderem mit Hilfe von Bockshornklee. Das beste Zeichen für den Gesundheitszustand der Kuh fand sich in ihren Hörnern. Fühlten sie sich erhitzt an, so galt das Tier ebenso als krank wie wenn sie zu wenig Wärme zeigten. Die vollkommenste Form des Ausgleichs fand sich dort, wo der Kuh etwas zugestanden wurde, was sich die Menschen selbst kaum gönnten. Gesund schien Kühe das zu machen, womit man selbst sparsam umging. Eine Flasche Speiseöl, ein Kilogramm Zucker. Zucker galt in der kleinbäuerlichen Kultur bis in die jüngere Vergangenheit als Luxus. Zucker war oft unerschwinglich, zumindest wurde damit sehr gespart. Damals wurden die Hörner der Kühe nicht abgesägt, die Hornansätze der Kälber nicht verödet. Die überzähligen Striche des Rinds konnten dagegen ohne Mühe abgeschnitten werden. Da war einfach etwas zuviel an diesem hochgewachsenen Tier.

Der Geruch nach Bockshornklee wurde später durch jenen nach Jod oder Lysol, schließlich durch jenen nach Antibiotika ersetzt. Mit der Einführung von Desinfektionsmitteln und Antibiotika wurde das alte Krankheitsverständnis brüchig, ein Krankheitsverständnis, welches sich nicht nur auf den Leib des Tieres, sondern auf das gesamte Gefüge bezog. Fortan wurden Tiere zur distanziert betrachteten Sache, wurde behandelt, drängten sich Tierärzte in den Stall, um Entzündungen zum Abklingen zu bringen, aufnahmeunwillige Kühe empfängnisbereit zu machen oder Kühe künstlich zu befruchten. Als die ersten Antibiotika verfügbar waren, verabreichten Bauern Kühen, Schweinen oder Hühnern doppelte und dreifache Dosen. Dies geschah noch aus der alten Vorstellung heraus, dass Heilung ein Äquivalent, nämlich wirkliche Kosten fordere.

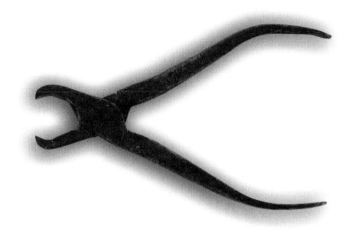

Die Milchzähne der Ferkel müssen mit einer kleinen Zange entfernt werden, um die Zitzen des Schweineeuters zu schonen. Die Ferkel wurden
rücklings auf den Schoß gelegt, das Maul mit einem Finger geöffnet,
dann mit einer kleinen Zange Zahn um Zahn abgezwickt. Das Schreien
der Ferkel muss man sich dazu denken. Infolge heftiger Bewegungen des
Ferkels konnte die Zange auch das Fleisch verletzen. Das Quieken hatte
allerdings mehr mit der Trennung von der Muttersau als mit Schmerzen
zu tun. Sie beruhigten sich augenblicklich, überließ man sie wieder dem
Muttertier. Dies war auch zu beobachten, wurden Ferkel mit Hilfe von
gebrauchten Rasierklingen kastriert. Die diesbezüglich nötige Kernseife
diente sonst dazu, sich die Hände zu reinigen, das Speiseöl, welches
über die Wunde geschüttet wurde, um den Salat anzumachen. Die abge-
schnittenen Hoden wurden Schweinen oder Hühnern vorgeworfen. Die
Nabelschnur frischgeborener Ferkel wurde nicht mit einer Rasierklinge,
sondern mit den Nägeln von Daumen und Zeigefinger durchtrennt.

Ich war noch zu klein, um die Zeichen des Todes richtig zu deuten. Das junge Rind, welches reglos im Graben lag, sah ich schlafend, dabei war es an den Folgen einer Blähung verendet. Hätte ich die Zeichen zu deuten gewusst, man hätte sich eines Trokars bedient, um die Luft aus dem Pansen des geblähten Rindes abzulassen. Eine geblähte Kuh wirkt unruhig, versucht sich Erleichterung zu verschaffen, indem sie gegen den Bauch schlägt oder ständig schluckt. Schließlich bricht das Tier zusammen und verendet unter Krämpfen. Das Instrument wird, ist es an der richtigen Stelle angesetzt, mit Hilfe eines flachen Holzgriffs, der sich in ähnlicher Form bei alten Handbohrmaschinen findet, durch die Bauchdecke in das Innere des Magens gestoßen. Anschließend wird das Kernstück des Trokars herausgezogen, um so das Entweichen der Luft zu ermöglichen. Bereits wenige Jahre später kannte ich jene Zeichen, wusste ich, wo der Trokar zu finden ist und wie das geblähte Tier gestochen werden muss. Ich wusste auch, wie man einen Gartenschlauch in den Schlund einer Kuh schiebt, die an einem Apfel zu ersticken droht. Heute erscheint es mir erstaunlich, dass Kühe solch brachiale Eingriffe zu überleben vermochten. Der Trokar lag in einer Werkzeugkiste. Im Gegensatz zu dem hier abgebildeten Instrument, welches aus der Hinterlassenschaft eines Tierarztes stammt, war dieser mit Rost und Schmutz bedeckt. Er wurde weder in Alkohol getaucht, noch über ein Feuer gehalten. Blähungen werden heute mit chemischen Substanzen behandelt.

Seit den Anfängen der Tierschutzbewegung standen die kleinen Bauern im Verdacht, zu Tieren besonders grausam zu sein. An entsprechenden Bildern mangelte es nicht. Zweifellos haben Bauern ihre Kühe oft geschlagen. Sie kannten wenig Scheu, etwa Ratten mit einer Schaufel oder Katzen mit einer Axt zu erschlagen. Mäuse konnten mit den Schuhen zertreten werden. Für die Tierschützer fügte sich so der kleine Bauer zum groben Fuhrmann, der auf sein Zugtier eindrischt, aber auch zum kaltherzigen Metzger, der Schweine und Kälber zur Schlachtbank zerrt. Die Tierschützer beklagten vor allem, dass Kinder nicht vom Anblick des Tötens ferngehalten würden. Sie behaupteten, dies müsse zu einer Verrohung der Kinder führen. Bei Hausschlachtungen konnten sich Kinder durch kleine Handreichungen an der Arbeit beteiligen.

Solche Bilder mögen die urbanen Vorstellungen vom groben Bauern bestätigen. Dem sind allerdings die kargen und oft harten Lebensbedingungen der Bauern entgegenzuhalten. Gefühlsregungen wie Tierliebe muss man sich leisten können. Wer nicht die Erfahrung eines Kindes kennt, dem die Kühe durchgegangen sind, der sieht nur die Schläge mit dem Stock, nicht aber die Folgen im Bohnenacker des Nachbarn. Er sieht die Strafe nicht, welche das Kind treffen wird. Im Gegensatz zu unserer tierliebenden Gesellschaft waren in der kleinbäuerlichen Welt Menschen und Tiere in einem unmittelbaren Funktionskreis aufgehoben. Der oft grobe Umgang mit Tieren diente auch dazu, Abstand zu behaupten und zu wahren. Tatsächlich waren die Übergänge zwischen Mensch und Tier fließend, mochte sich die Trennung zwischen Haus und Stall längst durchgesetzt haben, mochten die Tiere aus den Wohnräumen der Menschen verbannt sein. Gab es kein Pferd und keine Kuh, spannten sich die Bauern selbst vor den Pflug, bürdeten sie sich das auf, was sie, wäre es möglich gewesen, Tieren aufgebürdet hätten. Was wurde nicht alles getragen! Heu und Holz, Steine und Zement, Ziegel und Balken, Stroh und Mist, Milch und Obst, vor allem immer wieder Werkzeuge.

Während wir das Gemeinsame zwischen Mensch und Tier betonen, wusste die bäuerliche Kultur um die Differenz. Selbst wenn Bauern glaubten, man könne etwas davon lernen, wie Katzen mit ihren Jungen umgehen, so kamen sie doch nie auf die Idee, sich selbst als Teil der Tierwelt zu begreifen. Mochte ein Hund noch so anhänglich sein, nie hätte man ihn als Familienmitglied behandelt oder verstanden. Gefüttert wurde er bestenfalls mit Tischabfällen. Katzen mussten sich selbst versorgen. Einzig Milch wurde ihnen zugestanden, als Dank dafür, dass sie Mäuse fingen. Die Katzen waren scheu. Während des Melkens warteten sie in sicherer Distanz darauf, bis ihre Milchtasse mit eben gemolkener Milch gefüllt wurde. Als Katzenschüsseln dienten aussortierte Tassen, Tassen mit Sprüngen oder ohne Henkel.

Die ersten Boten der Tierliebe kamen mit den Sommergästen aus der Stadt. Für die kleinen Bauern war deren Umgang mit Tieren vollkommen unverständlich. Eine dieser Geschichten, die größtes Befremden auslöste, erzählt von einer Frau und ihrem Hündchen, einem Zwergschnauzer, zwar kein Pudel, aber doch fast ein richtiges Schoßhündchen. Kinder hatten einen Mann beobachtet, der aus der geöffneten Tür seines Wagens einen kleinen Hund herausschubste, die Tür wieder zuzog und wegfuhr. Der Hund fand in einem der Häuser Unterschlupf. Später – der Mann im Wagen hatte den Hund wohl gegen den Willen seiner Frau ausgesetzt – kam die Besitzerin öfters, nachdem sie den Hund bei einem Bauern entdeckt hatte. Sie nahm ihn hoch, so schmutzig er sein mochte, küsste ihn und drückte ihn an ihre Brust. In seiner Aufregung wusste das Hündchen seine Pisse nicht länger zu halten und ließ sie über ihr schönes Kleid und ihre Brüste laufen. Dieses Bild sollte auf einem Flügelaltar der Moderne festgehalten werden. Dort wo früher Maria mit dem Kind zu sehen war, ist nun eine Frau mit einem Hündchen abgebildet. Ihr Kleid ist nass. Unter einem Vordach stehen Bauern. Ihre Gesichter sind heiter. Im Hintergrund sieht man eine Landschaft mit den ersten Traktoren. Wiesen werden gemäht. Der Hund übrigens, zurückgekehrt vom Bett auf den schmutzigen Boden, führte ein würdevolles Leben als Selbstversorger. Er lief in den Wäldern tagelang kläffend irgendwelchen Fährten nach, um nach Tagen ausgehungert zurückzukehren und sich wieder von Tischabfällen und selbsterbeuteten Mäusen zu nähren.

Die Söhne kleiner Bauern, in der Regel ohne Ausbildung, fügsam, an Entbehrungen und Härte gewohnt, standen im Zweiten Weltkrieg oft an vorderster Front. Viele von ihnen haben den Krieg nicht überlebt. Die über Jahrhunderte von der kleinbäuerlichen Kultur entwickelten Überlebensstrategien ließen sich nur sehr bedingt auf die Erfahrung des Krieges übertragen. Die, die überlebten, die, die der Krieg nicht gebrochen hatte, die nicht verstümmelt waren, hatten Erfahrungen in der Fremde gemacht, die die engen dörflichen Vorstellungen erweiterten. Mochte der Krieg noch so schrecklich gewesen sein, so brachten sie doch alle etwas mit: Fotos, Postkarten, Reiseführer, Souvenirs, auch Beutestücke.

Ein Bauer etwa brachte aus dem Krieg einen silbernen Löffel mit. Mit diesem Löffel isst er nun seit über fünfzig Jahren seine Suppe. Weder seine Frau, noch seine Töchter, die inzwischen längst erwachsen sind, durften je mit diesem Löffel essen. Bis heute achtet seine Frau darauf, dass dieser Löffel neben seinem Teller liegt. Obwohl dieses Essgerät für ihn sehr wichtig sein muss, so hat er doch nie erzählt, wie es in seinen Besitz gekommen ist. Auf die zaghaften Fragen seiner Töchter reagierte er stets abweisend. Sie wissen, dass ihr Vater, als er einrückte, noch sehr jung war, eigentlich noch nicht erwachsen. Nach einer kurzen Ausbildung in Berlin wurde er gegen Ende des Krieges im ehemaligen Jugoslawien eingesetzt. Die Kriegsgefangenschaft habe er wie durch ein Wunder überlebt. Er kam mit einer schweren Schädigung der Leber, die ihn zu einem Invaliden gemacht hat, aus der Gefangenschaft zurück. Seit damals lebt er mit seinem silberenen Löffel, ein Zeichen und Geheimnis zugleich. Es gibt sehr viele Möglichkeiten, sich vorzustellen, wie er in den Besitz dieses Löffels gelangt ist. Er könnte einen Bahndamm entlang gelaufen sein und diesen Löffel zufällig gefunden haben. Unwahrscheinlich. Er könnte ihn geschenkt bekommen haben. Sehr unwahrscheinlich. In diesem Fall hätte er die Geschichte oft erzählt. Er könnte ihn von einem Gefangenen erhalten haben, der versucht hat, diesen gegen Wasser, Brot oder gar sein Leben einzutauschen. Auch diese Version erscheint unwahrscheinlich. Er könnte diesen Löffel von einem anderen Soldaten geschenkt bekommen haben. Er könnte ihn auch gekauft haben. Er könnte diesen Löffel einem toten Soldaten abgenommen haben. Er könnte ihn sich aber auch, nachdem ein Haus beschossen und seine Bewohner getötet wurden, als Beutegut angeeignet haben. Es fällt nicht schwer, in diesem Haus erschossene Kinder oder Frauen zu sehen. Dagegen spricht wiederum, dass wohl kaum jemand mit einem Löffel essen würde, der an etwas so Schreckliches erinnert. Dann würde der Löffel verborgen, im Dunkel einer Schublade versteckt.

Wie auch immer, nach dem Ende des Zweiten Weltkrieges kam es zu einem enormen Innovationsschub in der kleinbäuerlichen Landwirtschaft, der nicht zuletzt von Heimkehrern getragen wurde. Während des Krieges sahen sie, dass es auch andere Formen gibt, Böden zu bearbeiten oder Vieh zu halten. Sie sahen Maschinen, von denen sie nie eine Vorstellung hatten. Mag dies auch eine historische Tatsache sein, so ist es doch kein Trost für die Schrecken und Greuel des Krieges.

Das Verhältnis der Bauern zu den Arbeitern war ambivalent. In ihrem Verständnis standen sie über dem Arbeiter, sie sahen sich als ihre eigenen Herren. Obwohl Bauern sich oft über Fabrikarbeiter erhaben fühlten, war die Fabrik für sie doch ein Versprechen. Dort gab es geregelte Arbeitszeiten, ein sicheres Einkommen. Anfang der sechziger Jahre begannen viele Bauern als Schichtarbeiter in großen Industriebetrieben. Obwohl sie um Distanz zu den Arbeitern bemüht waren, so hatten sie doch keine Schwierigkeit damit, sich die Arbeitskleidung von Arbeitern zu eigen zu machen, blaue Arbeitshosen und blaue Jacken zu tragen.

Eine Vase aus gebranntem Ton, in Brauntönen bemalt und glasiert, vermutlich um 1900 hergestellt. Die Genremalerei zeigt Szenen aus dem chinesischen Alltagsleben, einen Wasserträger, einen Mandarin, eine Brücke überquerend, einen Mann unter einem Laubdach, zwei Männer im Gespräch und einen Mann, der in sich selbst versunken ist. Die beiden Ornamentbänder weisen sie klar als westliches Imitat aus.

Die kleinbäuerliche Kultur wurde und wird nach wie vor als verschlossen gegenüber allem Fremden gescholten. Tatsächlich kannte sie auch einen Hunger nach fremder Welt. Sicher wurde diese Vase als »chinesische Vase« gedacht. Mit dieser Vase, möglicherweise einmal ein Hochzeitsgeschenk, wurde fremde Welt ins Haus gebracht. Mag sein, dass bürgerliche Attitüden übernommen wurden, etwa die Vorstellung, dass Blumenschmuck das Schlafzimmer zieren müsse. Aber immerhin hat diese Vase bald ein Jahrhundert überdauert, wurde sie bei Geburten und Taufen, bei Hochzeiten oder anderen Anlässen prominent platziert. Jasmin- oder Kirschblütenzweige, Lilien, Türkenbund, Pfingstrosen, Astern und andere Herbststräuße. Trockenblumen. Massenware ist so zu einem kostbaren Einzelstück geworden. Bilder wurden wörtlich genommen. Ihre Lebendigkeit ist nur in einer Welt denkbar, die trotz ihrer vielen Bilder letztlich an einem Mangel an Bildern leidet. Es ließen sich eine Vielzahl analoger Stücke nennen, die ihren Platz hatten, weil sie das Fremde, das Ferne benannten, letztlich den Wunsch, der Enge bäuerlichen Lebens und verpflichtender Bindungen zu entkommen. Große nutzlos gewordene Teedosen aus Blech, deren Aufdrucke nicht oft genug bestaunt werden konnten. Nicht selten findet man solche Blechbüchsen in Bauernhäusern und ihren Werkstätten. Erstaunlich nur, wie sie hier ihren Platz fanden. Schwarztee wurde nicht getrunken.

Weit kamen kleine Bauern in ihrem Leben nicht. Dafür war die Landschaft, in der sie lebten, mit Erinnerungen und Bedeutungen überfrachtet. Da war ein Fuhrwerk umgekippt, dort hatte ein Bauer einen im Maschendraht eines Zaunes verfangenen Rehbock erwürgt. Unter diesem Nussbaum hat das taubstumme Mädchen geklagt, als der Jagdpächter die beiden Kitze abstach. Dort stürzte ein junger Stier beim Almauftrieb ab. Da er sich ein Bein gebrochen hatte, musste er an Ort und Stelle abgestochen werden. An einem anderen Ort wurde dieser oder jener von einem Baum erschlagen. Hier hat der Fahrer des ersten Unimog die Kontrolle über sein Fahrzeug verloren. Irgendwo unter diesen Buchen kam ein Jagdpächter ums Leben. Beim unvorsichtigen Hantieren mit dem Gewehr hatte sich ein Schuss gelöst, der ihn tödlich an seinem Kopf traf. Jener Kirschbaum lässt an einen fünfzehnjährigen Jungen denken, der mit einem Pferd Mist ausführte. Im abschüssigen Gelände kippte der Karren um, das Pferd kam ins Rutschen, stürzte und kollerte mit dem Karren den Abhang hinunter. Der Schädel schlug auf dem Stamm des Kirschbaumes auf. Das Pferd verblutete. Die große Blutlache war noch tagelang zu sehen. Monate später war das Gras an dieser Stelle dunkelgrün und hoch.

Wer über Jahrzehnte eine Wiese mit der Sense mäht, und dies zwei- oder dreimal im Jahr, im Herbst den Mist ausbringt, der wird sich an jede Unebenheit, jeden Baum erinnern. Gemäht wurde von unten nach oben, Heu und Mist wurde nach unten gezogen oder nach oben getragen. Bei Äckern in steilem Gelände musste die Erde am unteren Rand abgetragen und an ihrer oberen Begrenzung wieder aufgeschüttet werden. Steine und Bäume konnten Hindernisse bilden, aber auch Teilziele sein, an denen die Arbeit unterbrochen wurde. Der sorgsame Umgang mit der eigenen Kraft bedurfte genauer Beschreibungen, um jeden unnötigen Weg zu vermeiden. Die Menschen waren untrennbar mit der Geschichte von Grundstücken und Orten verbunden. Sie sagten nicht: Dieses Grundstück gehört mir, sondern: Es ist unser Boden. Auch dann, wenn ein Grundstück verkauft oder getauscht wurde, blieb es im Gedächtnis der Menschen ihr Boden. Sie hatten eine Ahnung von der Geschichtlichkeit des Ortes.

Das Erdreich lässt nicht nur sprießen, wachsen oder heraustreten. Es ist gefräßig. Es muss gedüngt, also selbst genährt werden. Letztlich drohten die Bauern vom Erdreich verschluckt zu werden. In bäuerlichen Sagen finden sich genügend Beispiele dafür. Wer einen Milchfrevel begeht, in Milch badet oder Milch zum Spaß verschüttet, wird zu Stein oder versinkt im Erdreich. Wie das unter der Erdoberfläche Liegende in einem wechselseitigen Verhältnis zu dem steht, was sich über ihr befindet, so bildete die Haut der Bauern keine klare Abgrenzung zwischen Innerem und Äußerem. Die Körper der Bauern rochen nach Erde, Gras, nach Regen, nach frischem Heu, nach Stall und Mist, nach Schnee oder nach dem Harz des Holzes. Und sie gaben ihre Gerüche als Schweiß wieder an die Landschaft ab. Ständig waren sie davon bedroht, mit der Erde, mit der Landschaft zu verschwimmen und in ihr aufzugehen. Wirklicher Abstand zur Welt war nicht möglich.

Es gab Sonntagsschuhe und Werktagsschuhe. An Wochentagen wurden Holzschuhe oder klobige Lederschuhe getragen. Schuhe waren ein Luxus. Im steilen Gelände bedurfte es so genannter Eisenschuhe. Ihre Ledersohlen waren mit Eisenzähnen beschlagen. Vom Frühjahr bis weit in den Herbst hinein gingen die meisten Kinder barfuß, barfuß auf nicht geteerten Straßen und Wegen. Obwohl sich die kleinen Füße an unangenehme Unebenheiten gewöhnten, bevorzugten die Kinder ähnlich wie Kühe den Wegrand. Die Kinder kamen barfuß zur Schule. Kinder, die an kalten Herbsttagen barfuß das Vieh hüten mussten, stellten sich, um ihre Füße zu wärmen, in frische Kuhfladen. Es war ein schönes Gefühl, die grüne breiige Masse durch die Zehen gleiten zu lassen. Frische Kuhfladen haben einen angenehmen Geruch und sind von einer feinen Konsistenz, nicht zu vergleichen mit dem Kot anderer Tiere.

Ein entscheidendes Datum in der Geschichte der kleinbäuerlichen Kultur findet sich in der Einführung von Gummistiefeln. Oftmals wurden keine Socken verwendet, weshalb Füße und Zehen abends die typisch schwarzen Ränder zeigten. Gummistiefel gab es anfangs nur für die Männer. Oft sah man Kinder in viel zu großen Stiefeln stecken, manchmal in Stiefeln unterschiedlicher Höhe und Größe. Gummistiefel waren leichter als die harten Lederschuhe, auch wurde man in ihnen, solange sie dicht waren, nicht nass. Man musste sie nicht zubinden, konnte einfach in sie hineinschlüpfen, praktisch für den Wechsel von Haus und Stall. Mit den Gummistiefeln kam ein neuer Geruch in die bäuerliche Welt. Hermetisch trennten sie fortan die Füße von der Erde.

Die Erde, die Steine, der Wald, Äcker und Wiesen teilten sich den
Körpern der Bauern in deutlicher Form mit. Ihre Hände waren ledrig,
unempfindsam geworden durch die harte Arbeit. Brennnesseln konnten solchen Fingern wenig anhaben. Sie scheuten selbst nicht, ins Feuer
zu greifen. Solche Hände wurden nicht viel anders gepflegt als hart
und rissig gewordenes Schuhwerk. Sie wurden mit ranzigem Hirschtalg bestrichen. Später mit Melkerfett. Kälte und Feuchtigkeit ließen
diese Hände oft aufbrechen und zu offenen Wunden werden. Mit ihren
Schrunden erinnerten sie an Ackerfurchen, an Schluchten, aufgerissenes
Erdreich, an Lehmböden während großer Trockenheit. Am Grund
solcher Risse war offenes Fleisch zu sehen. Mit Nähnadeln wurde nach
Spleißen von Drahtseilen gesucht. Es war Aufgabe der Kinder, abends
die Schuhe der Väter zu öffnen. Wann immer ich in anatomischen
Museen Moulagen von Händen sehe, muss ich an jene der Bauern
denken. Was fühlten diese Männer, wenn sie ihre Frauen berührten?

Auf manchen Bergbauernhöfen lässt sich heute noch ein zentraler,
längst funktionslos gewordener Maschinenraum finden, in dem mit
Hilfe eines Elektromotors und einer Antriebswelle mit unterschiedlichen Übersetzungen verschiedene Geräte angetrieben wurden, Seilzüge
ebenso wie Fräsen oder Güllepumpen. Diese Anordnung kennen wir
aus Werkstätten und Fabriken des neunzehnten Jahrhunderts. Auch
wenn es sich dabei um einen großen technischen Fortschritt handelte,
die meisten Arbeiten der Bauern ließen sich so nicht mechanisieren.
Die ersten geländetauglichen Maschinen wie Heuwender, Kartoffel-
roder oder Bindemäher wurden durch Laufräder angetrieben. Solche

Geräte wurden anfangs von Pferden, später von Traktoren gezogen. Sie konnten nur funktionieren, wenn sie aufgrund ihres Gewichtes über genügend Bodenhaftung verfügten. Dies war jedoch mit einem enormen Energieverlust verbunden. Mit der Einführung der Gelenkswelle, auch Zapfwelle genannt, erfolgte die Kraftübertragung direkt vom Antriebs-aggregat auf die jeweilige Maschine. Eine Gelenkswelle wird durch eine Eisenröhre gebildet, in die ein verschiebbares, komplementär gezahntes Gegenstück geschoben ist, und die weiters an ihren beiden Enden über zwei Gelenke verfügt, die in eine Zapfvorrichtung müden. Dies erlaubt eine problemlose Kraftübertragung in den unterschiedlichsten Winkeln, die ein Traktor und die jeweilige Maschine insbesondere im Gelände zueinander einnehmen können. Die Gelenkswelle machte die Maschinen mobil, ließ sich doch von nun an ein Traktor mit dem Miststreuer, dem Güllefass, dem Maisgebiss, dem Ladewagen oder anderen Geräten verknüpfen. Die moderne Landwirtschaft wäre ohne Gelenkswelle nicht zu denken. Aber wie wenig sagen doch solche Beschreibungen über diese Erfindung! Moderne Musik hielt ihren Einzug in die klein-bäuerliche Kultur mit den Maschinen. Ein Ladewagen, war er einmal in Betrieb gesetzt, bildete ein Orchester, dessen Musik die eines Beet-hoven, Mozart oder gar die der Beatles verblassen ließ. Das rhythmische Gekreische des schlecht geölten Förderbands, das Zupfen der Zähne der Pickup, das Dröhnen der Lager, das Vibrieren der Gelenkswelle, das war erbauende Musik, an die damals nur Jimi Hendrix mit Voodoo Chile oder All along the Watchtower heranzureichen vermochte. So eine Maschine bildete ein sehr lebendiges Orchester, aus dem man jeden Misston heraushörte. Angesichts der Tatsache, dass man sich noch kurz zuvor mit Rechen und Gabel abplagen, Fliegen und Bremsen vertrei-ben musste, vermochte diese Musik wahre Lustgefühle zu erzeugen.

Die kleinen Bauern standen in unmittelbarem körperlichen Kontakt mit der Welt, und dies auch dann, wenn sie sich unterschiedlichster Werkzeuge bedienten. Der Druck des Schlittens, mit dem sie Holz oder Heu zu Tal zogen, teilte sich ihrem Rücken ebenso mit wie das Gewicht des mit Mist gefüllten Tragkorbs. Die Welt prägte sich buchstäblich ihren Körpern ein. Mochten Unfälle auch nicht ungewöhnlich sein, so hatten sie doch gelernt, mit den Gefahren ihrer Arbeit umzugehen. Auf die Gefahren der Maschinen waren sie nicht vorbereitet. Zahllose Bauern wurden von sich überschlagenden Traktoren erdrückt. Unfälle mit Seilwinden oder Seilzügen waren nicht selten. Da genügte eine locker sitzende Jacke. Unfälle mit Kreissägen oder Häckselmaschinen. Auch Kinder wurden zu Opfern solcher Unfälle. Manche Bauern erstickten in Jauchengruben oder Silos. In ihrem Verständnis brachte man das Füllgut nicht viel anders ein, als habe man es mit einem Heustock zu tun. Auf verwandte Weise wurde es wieder entnommen. Wird ein Silo in Verwandtschaft zu einem Heustock gesehen, wer denkt dann schon daran, dass man darin ersticken kann. Maschinen und Technik brachten die Welt auf Distanz. Bauern, daran gewöhnt, die Welt zu riechen, diese mit den Ohren, vor allem aber mit Haut und Muskeln wahrzunehmen, mussten sich erst daran gewöhnen, dass die technisch organisierte Welt vor allem der Augen bedarf. Dies war ebenso wichtig wie die Einführung von Überrollbügeln, Schutzblechen oder einer entsprechenden Arbeitskleidung. Das Kettenrad war Teil eines Traktors, der vom Weg abkam und den Bauern unter sich begrub. Der Fahrer überlebte den Unfall, wenn auch schwer verletzt. Durch das Unglück wurde er in die alte Welterfahrungen zurückgeworfen. Die Erde teilte sich ihm in deutlicher Form mit. In seinem blutverschmierten Gesicht klebten Fichtennadeln. Über die Schulter geworfen wurde er von einem anderen den langen Weg in sein Haus getragen und ähnlich wie ein Mehlsack auf dem viel zu kurzen Kanapee der Stube abgelegt. Heute sind die Sinne der Bauern anders organisiert. Bauern haben sich an Bildschirme gewöhnt, verfügen über Handys. Es gibt zwar immer noch Traktorunfälle, aber der Rettungshubschrauber ist rasch zur Stelle.

Die kleinbäuerliche Kultur gilt als konservativ und innovationsfeind-
lich. Solche Vorstellungen deuten auf ein großes Missverständnis
hin. Tatsächlich kannte sie (die kleinbäuerliche Kultur) erstaunliche
Anpasssungsleistungen. Davon zeugen allein vielfältigste auf klima-
tische oder geographische Bedingungen abgestimmte Bewirtschaftungstechniken. Auch technischen Errungenschaften gegenüber waren die
kleinen Bauern stets aufgeschlossen, vorausgesetzt, sie verfügten über
die nötigen Mittel, um sich Geräte und Maschinen leisten zu können.
Die kleinen Bauern hatten ein besonderes Gefühl dafür, mit ihrer Kraft
und ihren Mitteln möglichst sparsam umzugehen. Es galt, jeden unnötigen Energieeinsatz zu vermeiden. War es nur irgendwie möglich,
wurde das Vieh zum Futter getrieben und nicht das Futter zum Vieh
gebracht. Vorsäße verdanken sich solchen Erfahrungen. Auch wenn
die Milch weit bis zur Sennerei getragen werden musste, so war doch
wesentlich weniger Aufwand damit verbunden, als hätte man das Heu
ins Dorf bringen müssen. Die vielen Heuställe auf Bergwiesen wurden
errichtet, um das Heu erst während des Winters ins Tal zu bringen,
in einer Zeit also, in der weniger zu tun war und die Schlitten sich
leichter ziehen ließen. Silagemöglichkeiten waren lange bekannt, ehe
sie kleine Bauern übernehmen konnten. Voraussetzung dafür waren
Fuhrwerke, um das nur angetrocknete Gras, welches wegen des wesentlich höheren Wassergehalts viel schwerer ist als Heu, zu den Silos zu
transportieren. So lange die Ernte nahezu ausschließlich eingetragen
werden musste, und dies oft über erstaunlich weite Entfernungen, wäre
der erforderliche Energieaufwand wesentlich höher gewesen als die
durch die Silagetechnik ermöglichte Arbeitsersparnis. Es erforderte
weniger Anstrengung, Gras auf Heinzen zu trocknen, ja selbst diese

Holzgerüste auf die Wiesen zu tragen und von dort wieder zu holen. Überblickt man die Geschichte der Futterproduktion der letzten Jahrzehnte, dann wird deutlich, dass die Bauern nahezu jede technologische Neuerung übernahmen, die versprach, die Arbeit zu erleichtern. In den 50er Jahren wurden die Heinzen durch Schwedenreiter abgelöst. Nun wurde das Gras auf mit Drähten bespannten Pfahlreihen getrocknet. Im Gegensatz zu den Heinzen bedeuteten die Schwedenreiter einen wesentlich geringeren Materialeinsatz. Sie sollten jedoch nur kurze Zeit das sommerliche Landschaftsbild prägen. Mit dem Aufkommen von Traktoren wurden zur selben Zeit die ersten Silos errichtet, meist aus Beton. Es gab auch Silos aus Holz, bei denen die Bretter durch Eisenreifen gespannt waren, Silos aus Drahtgitterelementen, die mit Plastikfolien ausgekleidet wurden. Während letztere gekauft werden mussten, wurden Silos aus Beton von den Bauern meist selbst errichtet. Die dazu nötigen Schalungselemente konnten gemietet werden. Zur selben Zeit tauchten auch die ersten Belüftungssysteme auf. Das noch nicht ganz durchgetrocknete Heu wurde eingebracht, der Heustock warm oder kalt belüftet. An die Stelle des traditionellen Heustocks traten zunehmend Heutürme, industriell gefertigte Systeme, die nicht nur eine optimale Belüftung erlaubten, sondern mit Hilfe von Gebläsen das Abladen des Heus, mit Hilfe anderer Einrichtungen seine Entnahme grundlegend vereinfachten. In diesem Zusammenhang wäre auf eine Unzahl an Maschinen zu verweisen, die aus heutiger Sicht wie Fossilien der Technikgeschichte wirken. Zu den ersten maschinellen Abladevorrichtungen zählten etwa Heuaufzüge. Sie standen mit ihren Zinken, mochten sie auch eine größere Menge an Heu fassen, immer noch der Heugabel nahe, letztlich menschlichen Händen, die einen Ballen Heu greifen. Obwohl solche Heuaufzüge das Abladen erleichterten, so waren mehrere Personen notwendig, um das Heu auf den Heustock zu befördern. Konsequenter war es, das eingebrachte Heu mit Hilfe eines Gebläses auf den Stock zu transportieren.

In jüngster Zeit haben sich zwei Silageverfahren gegen nahezu alle früheren Formen der Futtereinbringung behauptet. Herkömmliche, aufrechtstehende Silos wurden durch sogenannte Fahrsilos abgelöst, lange Betonwannen, in die das angetrocknete Heu oder auch gehäckselter Mais eingebracht, gewalzt und anschließend mit einer Folie luftdicht abgedeckt wird. Fahrsilos sind kostengünstig zu errichten, die Futterentnahme erfolgt mit geringem Zeit- und Energieaufwand. Die von vielen als hässlich beklagten Silageballen lassen sich noch flexibler handhaben. Sie können selbst erst im Winter je nach Bedarf eingebracht werden. Haben wir es auch mit modernster Landwirtschaftstechnik zu tun, so lassen diese Ballen doch an die Heuställe früherer Zeiten denken. Allerdings konnten die kleinen Bauern diese selbst errichten, während heutige Bauern auf die Landwirtschaftsindustrie angewiesen sind.

Am Beginn der diesbezüglichen Mechanisierung standen Motormäher, die nach dem Zweiten Weltkrieg in der kleinbäuerlichen

Landwirtschaft zum Einsatz kamen. Die ersten Geräte, die sich auch für steile Hänge eigneten, waren noch wirkliche Ungetüme, vor allem schwer, was etwa das hier gezeigte Gussstück deutlich macht, welches als »Schuh« am Mähbalken eines frühen Motormähers befestigt war. Aber sie wurden von Bauern gekauft. Unzählige Maschinen folgten, unter ihnen geländegängige Fahrzeuge, die sich umrüsten ließen. Sie konnten einmal als Ladewagen, dann als Güllefass oder als Miststreuer verwendet werden. Bis in die jüngste Zeit wurden die meisten Maschinen durchwegs in den Kategorien traditioneller Bewirtschaftungstechniken gedacht. Die ersten Traktoren waren nichts anderes als mechanische Zugtiere. Die heutige Landwirtschaft kennt dagegen einen grundlegenden Paradigmenwechsel, der Tiere ebenso neu definiert hat wie die verwendeten Maschinen. Mag sich dieser auch unzähliger Experten der Verhaltensbiologie, Landwirtschaftstechnologie, Veterinärmedizin, Mechanik oder Informatik verdanken, so hätte es diesen Wandel nicht gegeben, hätten ihn die Bauern nicht mitvollzogen. Ausrangierte, verrostende oder oft auch von Gras und Gestrüpp überwucherte Maschinen, die sich auf vielen Bauernhöfen finden, zeugen davon.

Heuarbeit war noch vor wenigen Jahrzehnten eine gesellige und höchst anstrengende Tätigkeit. Dank neuer Technologien bedarf es heute nur noch einer Person, um an einem Tag eine Fläche zu bewirtschaften, für die es noch vor wenigen Jahrzehnten vieler Menschen, tagelanger Arbeit bedurfte. Ein Tag Maschinenlärm, und schon ist der ganze Spuk vorbei. Bereits abends türmen sich die Silageballen an den Sammelstellen.

In Sergej M. Eisensteins Film *Die Generallinie* (1926/29), entstanden kurz vor der Zwangskollektivierung in der Sowjetunion, soll die Technik das Dorf aus der Armut führen. Die Bauern, die Eisenstein zeigt, sind stumpf, grob, Teil des Erdreichs und des Schmutzes. Sie wohnen nicht in Häusern. Sie vegetieren in Erdhöhlen, in Erdlöchern. Der Technik stehen sie abweisend gegenüber. In den Traktoren sehen sie Teufelswerk. Erst die Technik, so das Versprechen des Films, werde ihnen helfen, sich vom Schmutz und von der Armut zu emanzipieren. In Eisensteins Film wird denn der Traktor auch zum eigentlichen Helden. Noch ist seine Funktionstüchtigkeit fraglich. Der Motor stirbt ab. Marpha bietet dem Traktorfahrer ihren ärmlichen, schmutzigen Unterrock, reißt ein Stück nach dem anderen herunter, damit dieser den Motor der Maschine reinigen kann. Magische Handlungen. Eisenstein setzte die Erde mit jenem Schmutz gleich, der seit Jahrtausenden in Verbindung mit dem weiblichen Körper gebracht wird. So gereinigt, wird der Traktor funktionstüchtig. Er entfaltet seine Kraft, zieht eine lange Wagenkolonne über Hügel. Jedes Hindernis wird durchbrochen. Schließlich liegen Marpha und der Traktorfahrer auf einem Heuwagen. Marpha ist schön geworden. Nun ist sie Traktorfahrerin. Am Ende des Films pflügt ein Traktor auf einem Feld einen Kreis, bald stößt ein zweiter dazu, dann ein dritter und so weiter; schließlich sind es viele. Die so gezogenen Ackerfurchen lassen an die Rillen einer Schallplatte denken. Eisenstein dachte, Technik schaffe einen Raum für das Schöne. Die Traktoren am Ende des Films setzt er denn auch jenen Sequenzen am Beginn seines Filmes entgegen, in denen sich kleine Bauern selbst vor den Pflug spannen, ist die letzte ausgehungerte Kuh zusammengebrochen.

In meiner Kindheit, in einer Zeit, in der es bestenfalls die ersten Motormäher oder Traktoren gab und der größte Teil der Heuarbeit noch mit der Hand erledigt werden musste, erlaubte die anstrengende Arbeit noch den Luxus schöner, keinem unmittelbaren Zweck dienender Nebenprodukte. Lange bevor es *landart* gab, spielten sich Bauern und Bauernkinder mit der Landschaft. Ich erinnere mich an Wiesen, auf denen Heumahden zu Bildern gezogen waren. Buchstaben oder andere Zeichen waren zu bestaunen. Bei gutem Wetter ließ sich das Gras am Boden trocknen. Abends musste es jedoch mit dem Rechen zu Mahden gehäuft werden. Am nächsten Morgen sollte es möglichst wenig mit Tau benetzt sein. Kündigte sich an solchen Tagen ein Gewitter an, wurde das halbtrockene Heu kunstvoll zu Haufen aufgeschichtet, damit der Regen an der Oberfläche abfließen konnte. Bauern wussten die Schönheit solcher Haufen zu beurteilen. Schon am nächsten Morgen wurden diese Kunstwerke der Zerstörung preisgegeben. Der Rechen, mit dem Sieb und dem Trichter verwandt, diente nicht nur dazu Heu oder Gras zu Mahden zu bringen, er war auch Schreibwerkzeug. Zweifellos galt solche Ornamentik nicht nur der eigenen Bewunderung. Sie wurde auch für die Blicke anderer gemacht.

Anders als von Eisenstein behauptet, wurden die ersten Traktoren als etwas Großartiges betrachtet, mochten sie noch so unbeweglich oder viel zu schwer für das Gelände sein, drohten sie doch auf jedem Hügel umzustürzen, sich zu überschlagen und den Fahrer unter sich zu begraben. Kinder mochten Dieselabgase, ahmten die Geräusche der ersten Traktoren ebenso nach wie die der ersten Postbusse, scheuten sich nicht einmal, einen kleinen Schluck Diesel in den Mund zu nehmen, also zu tanken, um dann als lebende Maschine herumzulaufen. Für die damaligen Kinder waren Maschinen beseelte Wesen, lebendig, ungestüm, sich in vielfältigster Weise artikulierend. Die Bauern haben sich mit Hilfe der Traktoren nicht allein von der Erde, sondern vor allem von den Tieren emanzipiert.

Aber Eisenstein sollte sich irren. Maschinen haben keine Freiräume für das Schöne geschaffen. Maschinen haben Zeit zu einer knappen Ressource gemacht. Fortan blieb keine Zeit, um Bilder in die

Landschaft zu schreiben. Als schön gelten heute: neue und leistungs-
fähigere Maschinen, die Blumenpracht vor den Fenstern wie offene
Kamine. Maschinen altern jedoch schnell, die herabhängenden Blumen gelten den Blicken anderer, offene Kamine werden nicht benützt.
Da erinnere ich mich mit Wehmut an kleine Bauern, deren Töchter
das Formgefühl der Stickerei auf Wiesen zu übertragen wussten.

Die kleinbäuerliche Kultur hatte ein besonderes Verhältnis zu Abfall, Übriggebliebenem oder Vorgefundenem. Es gab fast nichts, was sich nicht verwenden oder zumindest verbrennen ließ, um Wärme abzugeben. Ein Stück Eisenbahnschiene konnte sich zu einem Amboss wandeln, eine unbrauchbar gewordene Achse als notwendiges Eisen den aus Beton gegossenen Türstock armieren. Die fünfziger Jahre des letzten Jahrhunderts sind in der diesbezüglichen Improvisationskunst als Blütezeit zu nennen. Erstmals gab es wirkliche Wegwerfprodukte wie Autos, aus denen sich, waren sie einmal zerlegt, Anhänger, Zugmaschinen oder auch Kreissägen zusammenbauen ließen. Die verwendeten Materialien sowie schlechte Schweißnähte solcher Objekte zeugen davon. Bauern unterschied von anderen Menschen vor allem ihre Begabung zur Improvisation. Nur die kleinbäuerliche Kultur kennt Künstler wie Franz Gsellmann mit seiner berühmt gewordenen »Weltmaschine« oder Lois Weinberger, dessen Arbeit besticht, weil er den Dingen ihr Eigenleben wie ihre Geschichte lässt. Wie Franz Gsellmann seine »Weltmaschine« eigentlich nie beenden konnte und, würde er noch leben, immer noch damit beschäftigt wäre, Teile ein- oder auszubauen, so sind die Arbeiten von Weinberger eigentlich nie abgeschlossen, auch dann nicht, wenn er seine Arbeit beendet hat.

Weggeworfen wurde wenig. Nahezu jedes nutzlos gewordene Ding versprach, irgendwann einmal einen Zweck zu erfüllen. Die hier abgebildete Türe einer Waschmaschine wurde etwa als Fenster in einen Schafstall eingebaut, montiert auf eine Resopalplatte, die vermutlich einmal Teil einer Kücheneinrichtung war und in die mit einer elektrischen Stichsäge eine entsprechende Öffnung geschnitten wurde. Improvisationen solcher Art kennen zwar eine Ästhetik, an Schönheit dachte aber niemand. Zweifellos hat es den Bauern nicht gestört, dass das Waschmaschinenfenster an das Bullauge eines Schiffes denken ließ. Der erwähnte Schafstall, ein besonders schönes Beispiel kleinbäuerlicher Improvisationsbegabung, war einzig aus Abfällen errichtet, etwa aus nutzlos gewordenen Güllerohren oder Wellblechplatten. Selbst ein Spannteppich fand Verwendung. Diese Begabung – es wären allerdings auch Bauern zu nennen, die diesbezüglich vollkommen untalentiert waren, unfähig, auch nur zwei Elektrodrähte richtig zusammenzuschließen – verdankte sich der Armut, dem Mangel an Dingen. Wir denken, dass es weniger Energie kostet, etwas neu zu kaufen als unter vielen zusammengetragenen Dingen nach dem Richtigen zu suchen.

In der kleinbäuerlichen Kultur haben bis in unsere Zeit viele Dinge des täglichen Gebrauchs manchmal Generationen überdauert. Sie wurden von der Mutter auf die Tochter, von dieser auf ihre Tochter, vom Vater auf den Sohn übertragen, weitergegeben. So teilten all diese Dinge eine Geschichte von Menschen mit. Es waren wichtige, beredte Objekte der Tradierung, die nicht vergessen ließen, selbst nur Besucher oder Gast auf dieser Welt zu sein.

Wir dagegen umgeben uns mit Dingen, deren Halbwertszeit in der Regel nicht einmal ausreicht, ihre Gebrauchsanleitung zu Ende zu lesen, wir sind mit Objekten beschäftigt, welche die Zeichen von Abfall an sich tragen, kaum dass wir sie gekauft haben. Ginge es nur um Spülmaschinen, Computer, Videorekorder oder ähnliches. Aber der Überfluss an Dingen führt zu ihrer konsequenten Entwertung, genaugenommen zu einer Entwertung der Arbeit, letztlich des Menschen selbst. Pasolini meinte, dass eine Gesellschaft, in der die Dinge des täglichen Lebens so leichtfertig in Abfall verwandelt würden, das Leben selbst entwerte. Insofern erstaunt es nicht, dass viele der heute Lebenden die Grundangst kennen, überflüssig zu sein, umgeben wir uns doch mit vielen Dingen, die überflüssig sind, letztlich ohne jeden realen Gebrauchswert. Wir leben zwar in einer Welt, welche die alte Angst vor den Toten nicht mehr kennt, aber der Tod ist zur eigentlichen, wenn auch unbewussten Triebfeder des Lebens geworden. Zum ersten Mal in der Geschichte wären die meisten Menschen in der Lage, ein ziemlich luxuriöses Leben zu führen. Wir könnten uns jene Muße leisten, die für die Differenzierung der Sinne und wirkliche Bildung erforderlich wäre. Aber womit beschäftigen wir uns? Mit der Zerstörung von Gütern! So hetzen wir von einem Termin zum nächsten, mit zunehmendem Alter von einem Arzt zum anderen.

In den 6oer Jahren wurde klar, dass nur Höfe mit einer gewissen Min-
destgröße überleben werden. Dies hieß Neubau, Flächenzusammenlegung, Ausgliederung an die dörfliche Peripherie, die Errichtung von
Aussiedlerhöfen. Das Ergebnis der damaligen agrarpolitischen Bemü-
hungen lässt sich heute nüchtern betrachten. Nicht wenige der damals
ambitionierten Projekte sind gescheitert, sei es, weil sich unter den
Kindern kein Hoferbe fand oder der Hof verkauft werden musste. Die
gesellschaftliche und soziale Dynamik blieb weitgehend unbeachtet. Die
Ingenieure der Landwirtschaftskammern dachten noch in durchwegs
traditionellen Bewirtschaftungstechniken, mochten an die Stelle von
Holzbarren Aufstallungssysteme aus verzinkten Metallrohren, an die
Stelle des Mistgrabens die Schwemmemistung getreten sein. Die Wohn-
häuser sollten auf jeden Fall über zwei Wohneinheiten verfügen, also
eigenen Wohnraum für die Alt- wie auch Jungbauern bieten. Hier zeigte
sich die Brüchigkeit. Wurde die Generationenfolge zwar nicht in Frage
gestellt, so wurde den Autonomiewünschen von Söhnen und Töchtern
Beachtung geschenkt. Heute erstaunt auch die Hofgröße, von der damals
angenommen wurde, sie würde in Zukunft das Überleben sichern.
Wurden solche Höfe in der Zwischenzeit nicht erweitert, lassen sie sich
heute bestenfalls noch im Nebenerwerb bewirtschaften. Die Bauern,
die sich auf solche Projekte einließen, mochten zwar stolz auf die ihnen
zugestandenen Subventionen sein (irrtümlicherweise dachten sie, dieses

Geld sei das Ergebnis persönlicher Vorsprachen wie eines guten Verhandlungsgeschicks), letztlich erwies sich dies als eine oft teure Beglückung. Leider setzte man damals nicht auf innovative und experimentelle Projekte. Siedlungshöfe waren insofern sinnvoll, da sich innerhalb der engen Dörfer nur selten genügend Platz fand, um neue Betriebsgebäude zu errichten, allein den nun nötigen Maschinenpark unterzubringen. Zweifellos war es ein großer Vorteil, Ställe direkt auf den bewirtschafteten Flächen zu bauen. Mochten die agrarpolitischen Absichten noch so gut gemeint sein, die Bauern wurden damit an die Peripherie gedrängt, endgültig zu einer gesellschaftlichen Minderheit. Bezeichnenderweise fallen in jene Zeit auch die ersten Konflikte, in denen es um den Gestank von Silos, Misthäufen oder Schweineställen ging.

Im Melken fand sich ein unmittelbarer Kontakt zwischen dem Bauern und seinen Kühen. Wer über Jahre hinweg nahezu zweimal täglich eine Kuh melkt, der kennt die Beschaffenheit eines Euters, sein Kopf, der sich in die Seite der Kuh drückt, weiß um die Befindlichkeiten des Tieres. Er nimmt die Gerüche der Kuh auf, empfindet ihren Zustand. Sie mag ruhig sein oder erregt. Es ist ein wechselseitiges Verhältnis. Die Kuh reagiert auf die Unruhe des Melkenden mit Schwanzschlägen oder Tritten gegen den Melkkübel. Melkmaschinen haben zersetzend auf dieses wechselseitige Verhältnis gewirkt.

In den letzten Jahrzehnten hat sich das Verhältnis der Bauern zu ihren Kühen grundlegend gewandelt. Waren Mensch und Tier bislang in einem gemeinsamen Funktionskreis aufgehoben, so gelang es den Bauern sich mit Hilfe der Technik vom Tier zu emanzipieren. Gibt es einmal Selbsttränken, ist es nicht länger notwendig, Kühe und Rinder zu einem Brunnen zu führen. Gibt es einen elektrischen Weidezaun, dann braucht es niemanden mehr um das Vieh zu hüten. Die leichten Stecken sind schnell aufgestellt, der Draht ebenso rasch gespannt.

In der heutigen Rinderhaltung zählt die Selbsttränke zu den einfachsten und billigsten Automaten. Technikgeschichtlich ist sie jedoch von großer Bedeutung. Sie besticht vor allem dort, wo es nur eines einfachen Mechanismus bedurfte, um Tiere anzuregen, mit einem Apparat zu interagieren. Kühe lernen sehr schnell, die Nachflussmenge zu regulieren. Die moderne Rinderhaltung kennt wesentlich komplexere Systeme, die so ausgereift sind, dass der Mensch nahezu überflüssig geworden ist. War Milchwirtschaft bislang eine arbeitsintensive Angelegenheit, so sind Menschen in großen Betrieben nur noch in wenigen Bereichen erforderlich, etwa dann, wenn es gilt, eine Kuh zu besamen. Wer so einen Stall betreibt, steht dem Buchhalter näher als dem traditionellen Bauern, wobei »Buchhalter« insofern irreführend ist, sind doch an die Stelle von Büchern Computerprogramme getreten, selbstschreibende Systeme, die dank der rund um die Uhr gesammelten Daten den Vorgaben entsprechend reagieren, Entscheidungen, die es zu treffen gilt, vorwegnehmen. Für den Bauern oder Unternehmer bleiben bestenfalls punktuelle Entscheidungen. Er muss sich etwa fragen, ob sich ein Tierarzt lohnt oder eine Kuh dem Schlachthof überantwortet werden soll. Herdenmanagement lautet das Zauberwort der modernen Massentierhaltung. Das Futter wird nicht zu den Kühen gebracht, vielmehr sollen diese die Futterstellen, den Melkroboter oder ihre Liegeplätze aus eigenem Antrieb aufsuchen.

Keines der Tiere ist angebunden, es bedarf keiner Schläge, um Kühe an den gewünschten Platz zu dirigieren, nicht länger sind Fress- und Melkzeiten an den Tagesrhythmus des Menschen gebunden. Das Futterangebot ist reichlich. Es finden sich selbst Apparate, die der Fellpflege dienen. Diese werden von den Kühen regelmäßig frequentiert. Anbieter solcher Systeme sprechen von artgerechter Tierhaltung, davon, dass der Landwirt eine andere Beziehung zu seinen Tieren aufbauen könne, da der mit einem gewissen Zwang verbundene enge Kontakt während des Melkens nicht mehr notwendig sei. Auch Tierschützer können solchen Laufställen viel abgewinnen. Vorbei sind die Zeiten, in denen Kühe in dunklen und verschmutzten Ställen an Ketten hingen. Allerdings geht es einzig um Leistungen, mögliche Gewinne. Tiere sind Mittel, nicht Anliegen. Ihre Existenz in einem diesseitigen Kuhhimmel mit ausreichendem und nahrhaftem Futterangebot (Raubtiere kennt diese Welt nicht) verdanken sie der einzig der Tatsache, aufgrund gewisser Merkmale darin zugelassen zu sein. Von den Abmessungen der Liegeboxen über die Milchleistung bis hin zur optimalen Verwertung der von einer Kuh aufgenommenen Kraftfuttermenge: der moderne Kuhstall kennt eine Unzahl von Normgrößen, exakt errechneten Mittel- und Idealwerten. All diese Leistungsvorgaben wirken auf die Zucht und Auswahl der Tiere zurück. Kleine, berggängige Rinderrassen haben in solchen Ställen keinen Platz. Das Ideal liegt in leistungsfähigen Milchkühen, deren Verhaltensdispositionen der technisch-maschinellen Organisation möglichst entgegenkommen. Lebenserfahrene Kühe kleiner Bergbauern ließen sich in solche Ställe nicht wirklich integrieren.

Mag die Rede von artgerechter Tierhaltung sein, das Entscheidende findet sich dort, wo Bedürfnisse und Verhaltensdispositionen von Kühen systematisch für die Organisation der Bewegungsabläufe genutzt werden. Die Tiere sollen sich nicht frei, sondern bestimmten Zielsetzungen entsprechend bewegen. Dies setzt eine Raumstruktur voraus, in der grundlegende Bedürfnisse jeweils nur in dem einen oderen anderen Bereich befriedigt werden können. Das Gegenstück des Liegebereiches mit den Selbsttränken und der Silagefütterung bildet der Bereich mit den Kraftfutterstationen. Zwischen diesen Bereichen zirkulieren die Kühe, sie müssen zurückkehren, wollen sie ihren Durst stillen, sie müssen den Melkautomaten passieren, sofern sie in den Bereich mit den Kraftfutterstationen gelangen wollen. In diesen Durchgangspassagen lassen sich einzelne Tiere computergesteuert durch Selektionstore in kleinere Bereichen separieren, sei es zur Besamung, zum Kalben, zur Behandlung oder zum Abtransport in den Schlachthof. Das verpflichtende Band zwischen Mensch und Tier ist endgültig zerrissen. Wie Schweine und Hühner werden nun auch Kühe dem Funktionskreis der Maschinen überantwortet und so endgültig in Masse und Ware verwandelt. Da gibt es kein Rufen mehr an der Stalltüre, keine Kühe mehr, die mit hochgeworfenen Schwänzen auf den Rufenden zuspringen.

Der Hornschlitten war jahrhundertelang ein wichtiges Arbeitsgerät. Mist, Holz, Käse, Heu, Obst und vieles andere wurde auf solchen Schlitten gezogen. Mit der Einführung von Traktoren und Schleppern hat der Hornschlitten ausgedient. Das Reststück fand sich auf einem Brennholzhaufen. Zu sehen ist eine solide Verarbeitung, beste Handwerksarbeit, Arbeit, die Bauern während des Winters erledigten. Findet der Hornschlitten keine Verwendung mehr, so ist es nur konsequent, diesen als Brennholz zu nutzen. Aber mit jedem verbrannten Hornschlitten wird auch ein Stück kleinbäuerlicher Vergangenheit gelöscht. Dies gilt auch dann, werden Holzrechen, Gabeln oder anderes Gerät als Schmuck an Fassaden gehängt, dient der Kupferkessel der Schnapsbrennerei plötzlich als Blumentrog. Mit Hilfe einer bürgerlich-urbanen Inventarisierung des nutzlos Gewordenen emanzipieren sich Bauern endgültig von ihrer Vergangenheit.

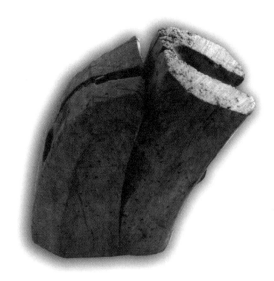

...

»Noch nie zuvor in der Geschichte hat eine so bedenkenlose und
vorerst noch keineswegs abgeschlossene Traditionsvernichtung statt-
gefunden, wo immer das von Erfordernissen der *technischen* Entwick-
lung nahegelegt wurde. Dabei ist es gänzlich unentschieden, welche
Traditionen wir um jeden Preis festhalten und welche wir, ebenfalls
um jeden Preis, verlassen müssen. Natürlich kann man Kinder mit
homogenisierter, pasteurisierter, getrockneter und dann wieder auf-
gelöster Milch aufziehen, ohne daß sie je eine Kuh sehen. Es ist nur die
Frage, ob das Ausbleiben der Begegnung mit Tieren ein folgenloses, ein
überspielbares Faktum ist. Man sollte die Lage, unheimlich wie sie ist,
bedenken, aber man bedenkt sie nicht, man verleugnet sie vielmehr;
verleugnet, daß es sich um eine historische (unbequeme) Lage handelt
und nicht um eine selbstverständliche *Grundlage* unseres Lebens.«

Alexander Mitscherlich, *Anstiftungen zum Unfrieden* (1965)

Über viele Jahrhunderte hat die kleinbäuerliche Kultur das Leben im
gesamten Alpenraum geprägt. Heute erleben wir ihren dramatischen
Niedergang. Während im neunzehnten Jahrhundert etwa 75 % der
Bevölkerung von der Landwirtschaft lebten, sind es heute nur noch
etwas mehr als zwei Prozent. Das Leben heutiger Bauern hat nicht
mehr viel gemein mit der traditionellen kleinbäuerlichen Kultur.
Bereits in absehbarer Zeit wird es an diese nur noch wenige Erinnerungen geben, sieht man einmal von den vielen Eingriffen in der
Landschaft ab, die zumindest von geschulten Augen auch noch nach
langer Zeit entziffert werden können. Es werden sich Mauerreste oder
Spuren von Wegen finden, die niemand mehr benützt. Anhand des
Vorkommens von Pflanzen wird sich auf frühere Bewirtschaftungsformen schließen lassen. Auf Almen wird man am Ampfer ablesen
können, wo vor langer Zeit einmal ein Stall gestanden haben muss.

Manche kleine Bauern haben Tagebücher geschrieben. Über das Leben
geben diese aber nur begrenzt Aufschluss. Ich möchte dies am Beispiel
eines Tagebuchs aus dem Jahr 1937 zeigen, aus dem ich die Eintragungen einer Woche zitiere: »Karfreitag, den 26.3. Vormittags Kirche,
Kalk holen. Nachmittags Bäume richten auf dem Kapf und in Vergitz.
Buscheln auf Maplons gemacht. Karsamstag, den 27.3. Morgens Mörle
belegt. Vormittags Kirche gegangen. Nachmittags 1 Sack Thomasmehl
gestreut an der Saale. An der Saale die jungen Apfelbäume eingezäunt.
Ostern. 28.3. Morgens starker Frost. Besuch Susanna, Schuhmacher
Gasser. 29.3. Ostermontag. Besuch der Taufpaten – Gotta – Albert Peter.
In der Nacht vom 29. auf den 30. März starb Vater um ½ 1 Uhr. 30.3.
Bäume gespritzt im Vergitz. Abends Psalter und Rosenkranz. Geackert

für Josef Summer. Pferd Josef Nachbaur. 31.3. Mist geführt für Johann Summer und Gebhard Nachbauer. Es hat den ganzen Tag geregnet. 1. April. Begräbnis meines Vaters. Besuche.« Dieses über lange Jahre geführte Tagebuch ist gleichbleibend im selben Stil gehalten. Die Aufzeichnungen sind nicht für andere geschrieben. Es finden sich darin keine Fragen, es wird nichts erklärt. Ein Großteil der täglich anfallenden Arbeiten werden nicht festgehalten. Kein einziges Mal wird etwa die Stallarbeit oder der Weg in die Sennerei erwähnt, ist es doch selbstverständlich, morgens und abends das Vieh zu füttern. Es findet sich keine einzige Stelle, die Gefühle wie Wut, Trauer oder Freude zum Ausdruck brächte. So wird der Tod des Vaters notiert wie eine der vielen Arbeiten. Solche Tagebücher geben uns eine Vorstellung davon, wie hart die kleinen Bauern arbeiten mussten. Immer wieder wird gezählt, etwa wie viele Heuballen während des Tages getragen wurden. Am ehesten sind diese Tagebücher für jene von Interesse, die sich mit Fragen der Ökologie beschäftigen, lässt sich doch nachlesen, dass Mais, Hafer oder Gerste in Gegenden angebaut wurde, in denen es längst kein Getreide mehr gibt. Mit Hilfe von Eintragungen lässt sich auch belegen, dass noch vor wenigen Jahrzehnten im Frühjahr später angepflanzt wurde oder die Kirschenernte heute bis zu zwei Wochen früher beginnt als damals. Es findet sich auch mancher technikgeschichtliche Hinweis, wird doch die Anschaffung von Maschinen meist festgehalten. Über Alltagsleben und Kultur erfährt man allerdings wenig, am ehesten noch dann, werden sie in Verbindung mit Akten, Tauf- und Sterberegistern ausgewertet.

Viele untergegangene Kulturen sind uns durch ihre Architektur im Bewusstsein geblieben. Auf bäuerliche Bauwerke trifft dies nicht zu, und dies trotz aller Zitate und Anleihen. Man muss nur einen Fremdenverkehrsort wie Ischgl betrachten, um sich davon zu überzeugen. Noch vor hundert Jahren waren die meisten Bewohner kleine Bauern, die oft unter härtesten Bedingungen lebten. Heute erinnert wenig daran. Viele der Gebäude mit ihrem Verschnitt aus unterschiedlichsten architektonischen Zitaten – es mangelt nicht an Säulen und ähnlichem Zierrat – könnten auch irgendwo in den USA stehen.

Höfemuseen sind bemüht, das architektonische Erbe der bäuerlichen Kultur zumindest mit Hilfe von exemplarischen Beispielen zu wahren. Wäre man gezwungen, ein brennendes Flugzeug zu verlassen und mit einem Fallschirm abzuspringen, und würde man zufällig in den frühen Morgenstunden in einem Höfemuseum landen, man wäre wohl sehr irritiert. Es sind zwar Gebäude zu sehen, aber Menschen und Tiere sind abhanden gekommen. Wirkten Wege und Wiesen nicht so gepflegt, man könnte an eine Landschaft denken, aus der die Menschen nach einem Reaktorunfall evakuiert wurden. Häuser lassen sich transportieren, nicht aber ihre Seele. Die Bauwerke in Höfemuseen wirken wie ausgeräumte Kadaver, Gerippe, abgeschabt von allem Fleisch. Alle detailgenaue Rekonstruktionsarbeit kann nicht darüber hinwegzutäuschen. Die Geschichte all dieser Gebäude wie der Menschen, die in ihnen lebten, ist auf eigenartige Weise gelöscht. Sicher, wir sehen Spuren, von Händen abgegriffene Holzgeländer und Werkzeuge, aber auf konkrete Menschen verweisen all diese Objekte nicht. Jedem Objekt kommt eine exemplarische Funktion zu, nicht anders als dem einzelnen Käfer in einer Insektensammlung. Dabei werden nicht nur Zäune und Dächer regelmäßig erneuert. Dies gilt auch für die Miststöcke vor den Stallgebäuden, in denen keine Tiere stehen. Plumpsklos sind durch eine Plexiglasscheibe unbrauchbar gemacht. Es würden sich an solchen Orten Listen lohnen, die festhielten, was beim Transport dieser Häuser alles vergessen wurde, der Kot von Mardern, der sich in Dachböden ansammelt, oder die Gerippe von Mäusen oder anderen Kleintieren, Tauf- und Hochzeitskleider, abgetragene Schuhe oder oft geflickte Jacken.

Etwas Ähnliches ist für Heimatmuseen zu sagen. Von allen Museen hinterlassen sie den armseligsten Eindruck. Gezeigt werden einfachste Geräte wie Gabeln, Sensen, Rechen, Dreschmaschinen, Körbe, Fässer. Keines der so gezeigten Objekte vermag wirklich etwas über das Leben der Bauern, nichts über ihre Nöte, Ängste und Tragödien, nichts über ihre Sehnsüchte, auch nichts über ihre Kultur zu erzählen, die ihnen half, trotz knappster Ressourcen Jahrhunderte lang Krisen und Katastrophen zu überleben. Geräte und Werkzeuge waren einfach, die bäuerliche Kultur dagegen von erstaunlicher Komplexität. Heimatmuseen blenden aus, dass die als konservativ gescholtenen kleinen Bauern technischen Neuerungen durchaus aufgeschlossen waren.

Zwar gibt es viele Fotografien – manche Fotografen dokumentierten über Jahrzehnte das Leben kleiner Bauern –, aber als historische Dokumente sind sie von begrenztem Gebrauchswert. Die meisten von ihnen zeigen weniger die Welt der Bauern, sie reflektieren mehr den bürgerlich-urbanen Blick auf diese. Nicht wenige der frühen volkskundlichen Aufnahmen erweisen sich bei näherer Betrachtung als inszeniert. So sind auf manchen Bauern in Sonntagskleidung bei der Arbeit zu sehen. Erika Hubatscheks Aufnahmen zeigen eine Welt, in der alles still zu stehen scheint. Da Fotografien immer Ausschnitte sind, stellt sich die Frage, was sie nicht fotografiert hat, welche Fotos sie ausschied. Maschinen sucht man in ihren Fotos vergeblich. Bestenfalls sind im Hintergrund der Landschaft Stromleitungen zu erkennen. Auch ihre alpinen Landschaften suggerieren eine Welt, welche die Errungenschaften der Technik nicht kennt. In nicht wenigen Gebirgstälern wurden damals große Wasserkraftwerke errichtet. Als Claude Lévi-Strauss seine Forschungsreisen ins Amazonasgebiet in der Hoffnung unternahm, die letzten unberührten Kulturen zu untersuchen, ernüchterten ihn weg-

geworfene Konservendosen. Andere mussten bereits hier gewesen sein.
Als Erika Hubatschek ihre Aufnahmen machte, gab es auf den meisten
Höfen neben Elektromotoren andere Maschinen, oft motorbetriebene
Seilwinden und Seilzüge, die zum Transport von Heu, Mist, Holz oder
anderen Dingen verwendet wurden. Die von außen kommende Technik
hätte die von ihr behauptete Welt entzaubert.[1] Auf einer Aufnahme des
italienischen Fotografen Flavio Faganello aus dem Jahr 1965 ist eine alte
Bäuerin mit einem geflochtenen Tragkorb zu sehen. Von rechts schiebt
sich die Schaufel einer Stoßraupe ins Bild. Im Gegensatz zu Hubatschek
zeigt Faganello die bäuerliche Welt als brüchig, vor allem aber im Wandel begriffen.[2] Dies gilt auch für andere Fotografen wie Heinz Cibulka,
Jean Mohr, Nikolaus Walter oder Jindřich Štreit.[3] Neben Fotografen
sind Filmemacher wie Erich Langjahr zu nennen.[4] Solche Dokumenta-
tionen verdanken sich nicht zuletzt einer Ethnografie, die sich längst von
der Inventarisierung des Fremden verabschiedet hat, die Konflikte ins
Zentrum ihrer Arbeit stellt und sich um eine Innenperspektive bemüht.[5]
Und selbstverständlich fehlt es nicht an Schriftstellern, die sich mit der
kleinbäuerlichen Kultur beschäftigt haben, allen voran John Berger.[6]

Auffallend ist jedoch, dass sich die meisten dieser Darstellungen Menschen verdanken, die von außen kommen, sieht man einmal von auto-
biografischen Romanen und Erzählungen ab. Franz Innerhofer verar-
beitete in seinem Roman *Schöne Tage* eigene Kindheitserfahrungen.
Allerdings zählt er zu jenen, die versuchten, sich mit Hilfe des Schreibens
von einer als traumatisierend erlebten Welt zu emanzipieren.[7] Unter
ihnen ist vor allem Josef Winkler zu nennen, der in höchst dichten Bildern die drückende Enge der kleinbäuerlichen Welt beschreibt, wie er
sie in den sechziger Jahren selbst erlebt hatte.[8] Mochte sich Winkler
noch so sehr an der bäuerlichen Welt abarbeiten, nicht nur seine Bilder,
auch seine Sprache verdankt er letztlich dieser. Wie in seinen Texten
war auch in der kleinbäuerlichen Kultur alles mit allem verknüpft.
Erzähltechnisch lässt sich denn auch jedes Bild mit jedem beliebigen
anderen Bild in Beziehung setzen – und dies selbst dann, wenn Winkler
wie in seinem Roman *Friedhof der bitteren Orangen* neapolitanische
Erfahrungen beschreibt.[9] Man kann in diesem Buch durchaus einen
Schlüsseltext zur kleinbäuerlichen Kultur sehen. Auch in Städten wie
Neapel haben Menschen ähnliche kulturelle Praktiken entwickelt.

Den kleinen Bauern war die Schriftkultur fremd. Wurde geschrieben,
dann zu Zwecken der Dokumentation, nicht der Reflexion (man denke
an Tagebücher und Rechnungshefte). Und dann erstaunt es doch,
dass nicht wenige Schriftsteller bäuerlichen Verhältnissen entstam-
men, Innerhofer oder Winkler etwa. Dies wäre undenkbar ohne die
Erzähltradition der kleinen Bauern, die Musikalität, Witz und Übertrei-
bungen kannte, vor allem aber eine archaische, katholische Bilderwelt.

Spannend wird es immer dann, wenn sich Perspektiven zu überlagern beginnen und die Betrachtung des Fremden der Entzifferung des Bekannten dient. Dies muss nicht immer unversöhnlich geschehen. Wenn Nikolaus Walter sich mit dem Leben der in Vorarlberg lebenden Türken beschäftigt, dann verschränken sich solche Perspektiven in bester Weise. In vielen Vorarlberger Bauernhäusern leben heute türkische Familien; sie sind es, die die Erinnerung an den traditionellen Bauernacker am Leben erhalten. Heinz Cibulka hat in seinen frühen Arbeiten solche Schnittstellen geradezu zum formalen Prinzip erhoben. Er begann damit, kleinformatige Abbildungen, unter ihnen auch viele Abbildungen aus dem bäuerlichen Leben, assoziativ miteinander zu verknüpfen.

Der Künstler Nikolaus Lang arbeitete in den frühen siebziger Jahren in akribisch archäologischer Kleinarbeit eine bäuerliche Ruine auf. Zu den gesammelten Objekten fügte er Protokolle von Gesprächen mit Dorfbewohnern, Erläuterungen, biografische Angaben zu den ehemaligen Bewohnern oder Tagebucheintragungen: »Vom Heustock des Stadels oberhalb Josephs Hütte den Marderkot sorgfältig abgelesen, in Seidenpapier gewickelt und in einem Pappkarton zum unteren alten Stadel gebracht – auf der Südseite Bretter ins Gras gelegt, um darauf die Kotteile in der Sonne zu trocknen.«[10]

Auch die kleinbäuerliche Kultur kennt Künstler, die sich mit Nutzlosem und Vorgefundenem beschäftigen. Franz Gsellmanns *Weltmaschine* sei in diesem Zusammenhang als besonders üppiges Beispiel genannt. Sein Lebenswerk besteht aus Fundstücken, darunter auch viele Dinge, die er bei Altwarenhändlern oder auf Fetzenmärkten gekauft hat. Maschinenteile hat er ebenso wie Heiligenfiguren oder Kitsch zu einer Maschine zusammengefügt, die unterschiedlichste Bewegungsabläufe kennt, die aber doch alle miteinander in Beziehung stehen. Christoph Ransmayr beschrieb seine Weltmaschine in knappster Form: »Sie bewegt sich zwar, aber sie treibt nichts an und nichts fort. Sie flimmert und leuchtet. Aber sie erzeugt kein Licht. Und schließlich tönt sie und singt. Aber keine Lieder.« Die Kunstgeschichte wird Gsellmann den Sonderlingen zuordnen, und dabei lässt sich seine ganze Arbeit durchaus als kleinbäuerliche Weltbeschreibung betrachten.

BEREDTE OBJEKTE

Während sich Nikolaus Lang in seiner Arbeit *Für die Geschwister Götte* strikt auf einen Ort beschränkte, habe ich nach Objekten gesucht, um ausgehend von ihnen zumindest eine modellhafte Vorstellung von der kleinbäuerlichen Kultur des Alpenraumes zu geben. Es ist kein Zufall, dass mich die in Bauernmuseen gezeigten Geräte kaum interessierten.

Mir erschien es nicht sehr aufregend, etwa Sensen oder Gabeln zu zeigen und auf ihre Verwendung zu verweisen. Sensen dienten zum Mähen, Gabeln wurden bei der Heuarbeit, beim Füttern, zum Einstreuen oder Ausmisten verwendet. Zumindest heute ist dies den meisten Menschen noch bekannt. Die Auswahl erfolgte nach anderen Überlegungen. Jedes Objekt sollte Ausgangspunkt eines Versuches sein, einen bestimmten Ausschnitt der kleinbäuerlichen Kultur zu erschließen. Hätte ich eine Sense als Objekt ausgewählt, dann nicht, um ihre Funktion zu erklären. Wohl hätte ich sie zum Anlass nehmen können, etwas über das Haushalten mit der eigenen Kraft zu schreiben. Es sei nicht verschwiegen, dass bei der Auswahl auch praktische, ästhetische oder andere Gründe von Bedeutung waren. Wer nicht über die notwendigen Räume verfügt, nicht genügend Platz hat, Fässer, Traktoren oder andere Maschinen unterzubringen, muss sich auf Objekte beschränken, die sich in wenigen Schachteln verwahren lassen. Dann spielte der ästhetische Reiz in der Auswahl eine nicht unwesentliche Rolle. Unter »Ästhetik« verstehe ich jedoch etwas anderes als das, was bezogen auf das Bäuerliche gemeinhin als schön gilt. Um über Dinge schreiben zu können, müssen sie visuell oder taktil meine Neugier wecken. Dies gilt selbst für so banale Objekte wie einen Strick. Objekte, die gemeinhin als »schön« gelten, habe ich in der Regel ausgeschieden, fürchtete ich doch, Klischees zu bestätigen. In der Auswahl spielten auch andere Gründe eine Rolle. Manchmal vertraute mir jemand neben einer Geschichte auch ein Objekt an. Solche Erfahrungen verpflichten in einem gewissen Sinn. Dies gilt etwa für den Badeanzug, den mir eine Freundin schenkte. Als Mädchen trug sie ihn in den siebziger Jahren manchmal bei der Heuarbeit. Die Gummistiefel schenkte mir die Tochter eines Bauern, kurz nachdem ihr Vater auf dem täglichen Weg in die Sennerei von einem Auto erfasst und lebensgefährlich verletzt wurde. Mit den meisten Objekten verbinde ich nicht nur eine Geschichte, sondern auch ganz konkrete Personen. Nur selten lasse ich dies anklingen. Manchmal habe ich erst im Nachhinein nach einem Objekt gesucht. Dies gilt etwa für den Zapfhahn, den ich der Geselligkeit zuordnete, oder für die Harnflasche, die für Alter und Siechtum steht. Ich hätte statt der Harnflasche einen Nachttopf verwenden oder einen Brief zitieren können, in dem ein Bauer ungewöhnlich genau den Tod seiner Frau und ihre letzten Lebensmonate beschreibt, die sie in der Stube verbrachte.

Einige Objekte habe ich bei Trödlern gekauft. Der regelmäßige Besuch bei Trödlern wirft ein bezeichnendes Licht darauf, welche Objekte der kleinbäuerlichen Kultur für wert befunden werden, aufgehoben zu werden. Mühelos findet man Kuhglocken, unterschiedlichste Holzgefäße, Waschschüsseln, Butterfässer oder auch Sterbekreuze. Noch nie habe ich in einem dieser Geschäfte bäuerliches Schuhwerk entdeckt, obwohl gut genagelte Schuhe von besonderer Bedeutung waren, geschweige denn Tücher, die Frauen verwendeten, wollte die Blutung nach einer Fehlgeburt nicht enden. Bei Trödlern mag man Trokare finden, die früher von Tierärzten verwendet wurden. Nach einem einfachen und womöglich rostigen Trokar wie ihn kleine Bauern kannten, wird man freilich vergeblich suchen. Wie vieles andere werden solche Trokare meist als unbrauchbare Dinge weggeworfen. Auch hier ist die Frage nach dem Ausgesparten, nach dem Abwesenden zu stellen.

Wenn ich Objekte wie eine Aluminiumschüssel, einen Badeanzug oder eine Selbsttränke bemühe, dann ist klar, dass mich die Veränderungen der letzten Jahrzehnte beschäftigt haben, die letztlich nur verständlich sind, wenn man sie auch als Ausdruck von Adaptionleistungen versteht, die Bauern in der Lage waren zu erbringen. Gummistiefel mögen wie andere Objekte irritieren. Die Arbeit mit Objekten, letztlich durchwegs banale Fundstücke, war für mich immer dort überzeugend, wo ich gezwungen war, abseits von vorgegebenen Kategorien nach eigenen, möglichst unverbrauchten zu suchen. Allerdings bedarf es eines vermittelnden Textes. Darin liegt gleichermaßen etwas Trauriges wie Ironisches. Bauern haben ihr Wissen nahezu ausschließlich mündlich tradiert, und zwar immer an konkrete Personen, Dinge oder Orte geknüpft. Nun liegt es an Außenstehenden, stellvertretend zu schreiben. Und dabei sind sie gezwungen, eine wichtige Regel der bäuerlichen Wissensweitergabe zu verletzen, nämlich das Allgemeine vor das Konkrete zu stellen. Die Auswahl der Objekte ist dabei weniger problematisch als die Gefahr, diese durch eine bestimmte Form der Präsentation zu ästhetisieren. Um ausgehend von Objekten etwas deutlich zu machen, müssen diese isoliert, freigestellt werden, sich zumindest durch eine weiße Fläche vom Hintergrund abheben. Im bäuerlichen Alltag war keines dieser Objekte isoliert. Jedes stand in vielfältigsten Beziehungen zu anderen Dingen. Darin liegt einer der vielen Grundwidersprüche, die mich während der Arbeit an diesem Projekt beschäftigt haben.

Von Ischgl nach Vrin

Heute, also zu einem Zeitpunkt, an dem abzusehen ist, dass die kleinbäuerliche Kultur endgültig verschwinden wird, mangelt es nicht an romantischen Vereinnahmungen. So wird die Welt der kleinen Bauern von der Werbung – oftmals handelt es sich dabei um große Lebensmittelkonzerne – in ähnlich kitschig sentimentaler Weise bemüht wie dies für den Heimatfilm der fünfziger Jahre gilt. Das Leben der kleinen Bauern ist und war alles andere als einfach. Es gibt keinen Grund, der Armut, den ständigen Bedrohungen, der Enge und Härte der kleinbäuerlichen Welt nachzutrauern. Wer wollte sich schon eine Zeit zurückwünschen, in der Kinder oft schlecht ernährt waren, fast all diesen Kindern eine Ausbildung verwehrt blieb, die ihnen ein besseres Leben ermöglicht hätte? Wer wollte sich eine Zeit zurückwünschen, die keine freie Berufswahl kannte, eine Zeit, in der nahezu das ganze Leben aus harter Arbeit bestand? Die Auflistung ließe sich noch lange fortsetzen. Aber es sei nicht vergessen, dass die kleinbäuerliche Kultur erstaunliche Regulative des Ausgleichs kannte, dass sich niemand ungestraft über Allgemeininteressen hinwegsetzen durfte. Die Menschen mochten noch so arm sein, aber ihre Armut machte sie nicht würdelos. Unter so harten Bedingungen zu überleben, allein dies nötigt Respekt ab. Dieses Überleben verdankte sich nicht allein der Genügsamkeit oder harter Arbeit, sondern einer Vielzahl kultureller Praktiken. Wir, ähnlichen Bedingungen ausgesetzt, vermöchten nicht einen Winter zu überleben. Zwar haben sich die Bauern in den letzten Jahrzehnten aus vielen Zwängen ihrer Welt emanzipiert, man kann aber nicht übersehen, dass sie damit ihren Stolz verloren, ihre narrative Kultur aufgegeben haben. Mit dem Niedergang der kleinbäuerlichen Kultur geht vielfältigstes Erfahrungswissen unwiederbringlich verloren. Volkskundler und Ethnologen können einwenden, dass es die kleinbäuerliche Kultur so nicht gab. Dieser Einwand ist allein deshalb ernst zu nehmen, da für den Alpenraum eine Vielzahl unterschiedlichster Bewirtschaftungsformen und abweichende kulturelle Praktiken zu nennen sind. In manchen Gegenden wurde Mais angebaut, in anderen nicht. Die Holzgerüste, die zum Trocknen von Gras verwendet wurden, kennen eine erstaunliche Vielfalt. Regional abweichend voneinander haben sich unterschiedliche Bräuche entwickelt und behauptet. Dies gilt auch für Alltagstheorien, die von Volkskundlern bezeichnenderweise oft dem Aberglauben zugeordnet werden. Die kleinbäuerliche Kultur war nie so etwas wie eine einheitliche Kultur. Das Leben der Einzelnen war strikt an den Ort gebunden. Diese Kultur kannte weder ein integrierendes Zentrum, nicht einmal eine gemeinsame Sprache. Bereits wenige Täler weiter konnten Menschen einen anderen Dialekt, ja selbst eine andere Sprache sprechen. Aber trotz aller Unterschiede hat die permanente existenzielle Bedrohung überall recht ähnliche Überlebensstrategien zur Folge gehabt.

Sinkende Milch- und Fleischpreise zwingen heute viele Bauern, ihre Höfe aufzugeben. Im Gegensatz zu ihren Vorfahren haben sie die Möglichkeit, in anderen Bereichen das notwendige Einkommen zu sichern. Bauern sind nicht mehr darauf angewiesen, von der Milch oder dem Fleisch eigener Tiere zu leben. Hausschlachtungen, die noch vor wenigen Jahrzehnten nahezu auf jedem Hof durchgeführt wurden, sind heute zur Seltenheit geworden. Fleisch ist in Supermärkten billiger zu haben. Heutige Bauern sind in die Geldwirtschaft mit ihren Möglichkeiten und Zwängen integriert. Ihre Betriebe sind meist höchst spezialisiert. Auch die neu errichteten Stallanlagen im Alpenraum lassen keinen Zweifel mehr daran, dass wir es nicht länger mit Höfen, sondern mit Betrieben zu tun haben. Zweifellos wird es in wenigen Jahrzehnten nur noch wenige

»Bauern« geben, ihre Betriebe werden aber groß sein. Es wird eine Frage betriebswirtschaftlichen Geschicks sein, um gewinnbringend Milch und Fleisch zu produzieren oder Lawinenhänge, Schipisten, fremdenverkehrsrelevante Areale oder ökologisch sensible Gebiete zu betreuen.

Sitzt man im Gasthaus eines Höfemuseums, dann wird die heutige Generallinie offensichtlich. Der Kellner in der Hirschledernen, der mit Hilfe von Kleidung, Sprache und Speisekarte das Bäuerliche simuliert, ist absolut austauschbar. Vorübergehend hat er diesen Platz eingenommen. Das verbindet ihn mit den Gebäuden des Höfemuseums. Auch ihnen kommt nur noch die Funktion der Repräsentation zu. Überall findet sich heute dieselbe Ordnung. Das Höfemuseum ist nicht viel anders organisiert als eine Vorstadt, in der sich Tankstellen, Lagerhäuser, Einkaufszentren oder Bürogebäude beziehungslos aneinanderreihen. Der einzig entscheidende Unterschied findet sich dort, wo die moderne Zweckarchitektur in sehr kurzen Zeiträumen denkt, ein Höfemuseum aber die Vergangenheit für die nächsten Jahrhunderte konservieren will. Ich habe Ischgl als einen Ort erwähnt, der in besonderer Weise seine kleinbäuerliche Vergangenheit abgestreift hat. Zum Glück finden sich auch andere Beispiele, lassen sich Genossenschaftssennereien nennen, die sich gegen einen enormen Marktdruck zu behaupten vermögen. Es finden sich auch Regionen, die hoffen lassen, dass das Erbe der kleinbäuerlichen Kultur etwas länger erhalten bleibt. Als Beispiel sei Vrin, ein Bergbauerndorf im Bündner Lumneziatal genannt. Die diesbezügliche Bedeutung des Ortes verdankt sich nicht zuletzt dem Architekten Gion A. Caminada. Seit Jahren beschäftigt er sich in unterschiedlichen Bauprojekten mit den Entwicklungsmöglichkeiten eines peripher gelegenen Bergdorfes. Er hat neben Wohnhäusern eine Reihe anderer Gebäude entworfen, neben Ställen eine »Mazlaria«, also ein Dorfmetzgerei, die der Direktvermarktung dient. In der Nähe der Metzgerei findet sich seine »Stiva da morts«, eine Totenstube, besser gesagt, ein Haus für Lebende und Tote. Als Caminada von der Gemeinde eingeladen wurde, eine »Aufbahrungshalle« zu bauen, setzte er auf einen breiten Diskussionsprozess, zu dem er die Dorfbevölkerung lud. Caminada: »Wir hatten dazu eingeladen, und die Leute kamen. Die Vriner Dorfbevölkerung nahm sich Zeit, um über den Umgang mit den Toten nachzudenken. Es war eine der intensivsten und emotionsgeladensten Diskussionen, die ich bislang erleben durfte. Wir redeten über Rituale, deren Sinn und Bedeutung. Wir konfrontierten uns mit dem Gedanken, ob es möglich wäre, in diesem neu zu schaffenden Raum Kaffee zu trinken oder zu musizieren. Das Ziel dieser Auseinandersetzung war nicht, diese künftige Stätte befremdlichen Nutzungen zuzuführen. Es war vielmehr die Frage nach einem Raum, den man nicht deshalb meidet, weil er dem Tod gehört. Damit kam die Forderung nach einem gemeinsamen Raum für die Lebenden und die Toten. Denn eins muss man wissen: der Tod war immer schon das Problem der Lebenden. Angesichts des Todes zusammen Kaffee zu trinken, ist für viele eine irritierende Vorstellung.«[11]

Caminadas »Stiva da morts« erinnert in keinster Weise an eine der vielen dörflichen Totenkapellen, die in den letzten Jahrzehnten errichtet wurden. Würde das Gebäude nicht hart an der Friedhofsmauer stehen, würde es sich nicht durch seinen weißen Anstrich von den Holzhäusern des Dorfes abheben, man hielte es wohl für ein Wohnhaus. Das Gebäude greift jene Räume auf, die in der traditionellen Totenkultur eine wichtige Rolle spielten. Die Stube, also der Aufbahrungsraum, befindet sich im unteren Stock. Eine Treppe führt in den oberen Gang und zu einem Aufenthaltsraum, in dem es den Trauergästen möglich ist, sich formlos zu unterhalten. Das Gebäude bietet genügend Raum, sich jenen Platz zu suchen, der dem eigenen Verhältnis zum Toten am besten entspricht. Es zwingt einen nicht in die Stube mit dem Sarg, man kann Perspektiven wechseln, sich auch im Stiegenhaus mit Geschwistern und Freunden unterhalten, auf die Hinterbühne zurücktreten, um etwa Kaffee zu trinken und mit anderen Besuchern zu reden. Es ist ein Gebäude für die Lebenden und die Toten. Nicht zufällig hat es zwei Eingangstüren. Einmal kann man es vom Friedhof aus betreten, dann von einer alten Dorfstraße. Der Tote wird über diese Dorfstraße zum Friedhof getragen. Mag sein, dass sich Caminadas Arbeit auch der Distanz, dem urbanen Blick verdankt, aber so kann nur jemand bauen, der in einer kleinbäuerlichen Kultur aufgewachsen ist, der um Wechselwirkungen ebenso weiß wie um begrenzte Möglichkeiten, der gelernt hat, im Gegebenen zu denken.

Zweifellos werden auch in Vrin Begräbnisse zu einer zunehmend intimeren Angelegenheit werden. Es ist fraglich, ob sich die tradierte Totenkultur mit Hilfe der Architektur in die Zukunft übertragen lässt. Es wird Trauernde geben, die es als störend empfinden, den Sarg über den Umweg der Dorfstraße auf den Friedhof zu tragen. Manchen wird die »Stiva da morts« vielleicht zu sehr mit Bedeutungen aufgeladen sein. Manche werden wohl die nüchterne Zweckarchitektur heutiger Aufbahrungshallen vorziehen, die das »Abschiednehmen« zu einer kurzen Terminangelegenheit machen. Aber Caminadas »Stiva da morts« ist nicht daran, sondern an seinen Spielräumen zu messen. Mühelos kann man sich in diesem Gebäude sehr unterschiedliche Umgangsformen mit dem Tod denken. Und man wird nicht vergessen können, dass man sich in einem Haus befindet, welches den Lebenden und den Toten gehört. Das ist Luxus. Da kann einen Neid überkommen. Und das in einem Bergbauerndorf.

Caminadas »Stiva da morts« sei an dieser Stelle nicht allein deshalb so prominent erwähnt, weil das Verhältnis der Lebenden zu den Toten zu den zentralen Angelpunkten der kleinbäuerlichen Kultur zählte. Entscheidender ist, dass sich seine »Stiva da morts« in besonderer Weise als Bindeglied zwischen der Vergangenheit und Gegenwart betrachten lässt. Und dieses architektonische Bindeglied ist nicht Ergebnis eines Zufalls, sondern einer bewussten Auseinandersetzung. In Orten wie Ischgl wird man etwas Vergleichbares vergeblich suchen. Betritt man in solchen Orten eine Totenhalle, dann befindet man sich in der Regel in einem Raum, der Anleihen an die frühere Sakralarchitektur kennt, aber letztlich den Eindruck einer Garage macht. Ich arbeite mit Objekten und Fundstücken. Ich hätte aber genauso gut eine detaillierte Reiseroute ausarbeiten können, um am Beispiel von Dörfern oder Landschaften der kleinbäuerlichen Kultur nachzuspüren. Zweifellos wäre dabei Ischgl eine der Stationen gewesen, aber die Reise hätte ich in Vrin enden lassen.

1   Vgl. Rupert Larl / Gunther Waibl (Hg.), *Über das Land. Fotografien von Erika Hubatschek*, Innsbruck – Bozen 1995; Erika Hubatschek, *Vom Leben am Steilhang. Bilddokumente 1939 – 1960*, Innsbruck 1998.

2   Vgl. Flavio Faganello, *Trentino – Südtirol. Meine Welt*, Bozen 1993.

3   Das Buch *Eine andere Art zu erzählen* von John Berger und Jean Mohr, erschienen 1984, ist immer noch empfehlenswert. Als weitere Zusammenarbeit eines Autors mit einem Fotografen sei Manfred Chobots und Jindrich Štreits Buch *Der Hof* genannt. Das Buch erschien 1995 in der Bibliothek der Provinz. Zum Leben der Bergbauern sei Aldo Gorfers und Flavio Faganellos Buch *Die Erben der Einsamkeit* empfohlen. Unter den Fotografen möchte ich insbesondere Nikolaus Walters Bildband *Steiles Erbe* erwähnen, der sich mit dem Leben der Menschen im Großen Walsertal beschäftigt.

4   Erich Langjahr, *Ex Voto* (1986), *Sennen-Ballade* (1996), *Bauernkrieg* (1998).

5   Vgl. etwa Yvonne Verdier, *Drei Frauen. Das Leben auf dem Dorf*, Stuttgart 1982.

6   Wie kein anderer hat sich John Berger, der mit seiner Familie in ein kleines Bergdorf in Savoyen zog, mit der Welt der kleinen Bauern befasst. Genannt seien insbesondere *Sau-Erde. Geschichten vom Lande* wie *Spiel mir ein Lied. Geschichten von der Liebe*, Fischer Taschenbuch Verlag. Statt von sentimentaler Vereinnahmung zeugen seine Erzählungen von Bewunderung und respektvoller Zuneigung, und dies im Wissen, dass die kleinbäuerliche Kultur unwiderruflich zum Sterben verurteilt ist, obwohl sie aber jahrhunderte zu überleben wusste. Schreibt Berger über Bauern, dann reflektiert er auch die sinn- und sinnesentleerte Welt des modernen Menschen. Damit steht er in einer Nähe zu Pier Paolo Pasolini, der etwa in seiner *Freibeuterschriften* dem Kapitalismus die Welt der kleinen Bauern entgegensetzt.

7   Franz Innerhofer, *Schöne Tage*, Salzburg 1974.

8   Josef Winkler, *Das wilde Kärnten. Trilogie*, Frankfurt am Main 1984.

9   Josef Winkler, *Friedhof der bitteren Orangen*, Frankfurt am Main 1991.

10 Vgl. Wolfgang Kos (Hg.), *Alpenblick. Die zeitgenössische Kunst und das Alpine*, Wien 1997, S. 136.

11 Gion A. Caminada, *Stiva da morts. Vom Nutzen der Architektur*, Zürich 2003, S. 14 – 15.

Aluminiumschüssel: Durchmesser: 27 cm, Höhe: 7 cm; Farbe: silbrig matt, etwa 1960, viele Gebrauchsspuren.

Arbeitsjacke: Industrieprodukt, Baumwolle, blau gefärbt, 60er Jahre, viele Flickspuren.

Ampfer *(Rumex acetosa):* getrocknet.

Badeanzug: 70er Jahre, Kunstfaser, einteilig; gelbe, grüne, orange und dunkelrote Punkte auf schwarzem Grund.

Besamungsset: Besamungsset für Schweine; zweiteilig, Plastik; Länge: 61 cm.

Bildchen: Darstellung Armer Seelen im Fegefeuer, 8,5 × 6 cm, neunzehntes Jahrhundert.

Blutwurstgewürze: Salz, Pfeffer, Majoran, Piment, Muskatnuss.

Bockshornklee *(Trigonella foenum graecum):* Samen, gemahlen.

Bohnen: Saatgut, rot blühend; aus bäuerlicher Kultur.

Eisenhaken: 17 × 11 cm; handgeschmiedet; Fundstück.

Dengelhammer: 21 × 13 cm; viele Gebrauchsspuren; Fundstück.

Erbswurst: Produkt der Firma Knorr; Aufschrift der Verpackung: »Seit 1889.«

Feldmonstranz: 22 × 15 cm, im Stil neugotischer Altäre, vermutlich um 1900.

Feldstecher: Hersteller: Swarovski, um 1950.

Ferkelzange: Länge: 12,5 cm; Einzelanfertigung, handgeschmiedet.

Gelenkswelle: Länge: 80 cm; Farbe: gelb lackiert; Gebrauchsspuren, Rost; 60er Jahre.

Glöckchen: Messinglegierung, Höhe: 3 cm.

Grenzstein: Fundstück nach Flächenzusammenlegung.

Gummistiefel: Gummi, schwarz, abgetragen.

Gussstück: Schuh eines Motormähers; Eisenguss; Hersteller: Aebi, etwa 1961.

Harnflasche: Glas, Handwerksarbeit, Ablagerungen von Harnstein, Länge: 33 cm, vermutlich 19. Jahrhundert.

Hasenkot: gesammelt im Frühjahr 2005.

Hirschtalg: ausgelassenes Fett eines Hirsches, der 2005 im Nenzinger Himmel erlegt wurde.

Hornhalter: Holzschnitzerei; 33 × 12 × 11 cm; vermutlich 30er Jahre.

Hornschlitten: Reststück, Eschenholz.

Kartoffelkäfer *(Leptinotarsa decemlineata):* Südsteiermark 2003.

Katasterauszug: Göfis, Gerichtsbezirk Feldkirch, 1967, Detail.

Katzenschüssel: Durchmesser: 11 cm, Höhe: 4 cm, Blech, weiß-emailliert; Rostspuren; um 1930.

Keil: Eisen, geschmiedet; deutliche Gebrauchsspuren, Fundstück.

Kerne: Aufgebissene Zwetschkenkerne; in einem Keller hinter einem Maischefass entdeckt.

Kettenrad: Teil einer Traktorseilwinde aus den 60er Jahren.

Leitersprossen: Sprossen einer Kischbaumleiter; bäuerliche Handarbeit.

Löffel: Länge: 21 cm; Silber; eingeprägt die Initialen C und L; Hersteller und Herkunft unbekannt.

Los: Kärtchen, Buntstift. Herkunft: Hinterlassenschaft.

Lourdesmadonna: Höhe: 31 cm, Keramik, bemalt; beschädigt; Industrieprodukt, Hersteller unbekannt.

Meisterwurz *(Peucedanum ostruthium)*: Wurzel, getrocknet; aus einem Bauerngarten.

Messer: Holz, Metall; Länge: 26 cm; Relikt eines Kriminalfalles.

Messerchen: Holz, Metall, Länge: 12 cm; deutliche Gebrauchsspuren.

Plan: Wohnhaus eines Siedlungshofes; Agrarbezirksbehörde Bregenz, 1965.

Rechenzähne: Zähne eines Holzrechens, Handarbeit.

Rechnungsheft: Einnahmen-Ausgabenheft, DIN-A5, kariertes Schulheft; 60er Jahre.

Schulheft: Zeichnung aus einem Schulheft, Valeria Barwart, 5. Klasse, Volksschule Röns, 1925.

Selbsttränke: Eisen, Messing; Schale mit roter Kunststoffbeschichtung.

Sieb: Holz, Drahtgitter; Durchmesser: 21,5 cm, Höhe: 10,5 cm; leicht beschädigt, vermutlich 30er Jahre.

Spielzeughäuser: Holz, bemalt; Gebrauchsspuren; Herkunft: Flohmarkt.

Stechlaub *(Ilex Aquifolium)*: getrocknetes Blatt.

Steinguttopf: braun glasiert; Höhe: 29 cm, Durchmesser: 23,5 cm; Industrieprodukt, 19. Jahrhundert; leichte Beschädigungen.

Sterbekreuz: Holz, weißbemalener Corpus mit schwarzem Kreuz, Höhe: 34 cm.

Strick: Hanf; Länge: 80 cm; deutliche Gebrauchsspuren, ausgefranste Enden.

Taufkleid: Taufkleid, zweiteilig (Kleid und Kopfhaube); weiße Seide mit gelber Stickarbeit, 50er Jahre, Länge: 98 cm; Maschinenstickerei, blaue Vorzeichnung; leicht beschädigt.

Thomasmehl: Thomasphosphat; aus den Lehrmitteln einer Landwirtschaftsschule.

Totenvogel: Steinkauz (Athene noctua), Präparat, Herkunft: Trödler.

Trichter: Kupfer, getrieben und genietet; Einzelanfertigung; Höhe 10,5 cm, Länge 15,5 cm, Breite 11,5 cm; Reststück einer Schnapsbrennerei.

Trokar: medizinisches Instrument, bestehend aus einem spitz zulaufenden Stift mit Griff und einem Röhrchen, Länge: 17 cm; aus den Lehrmitteln einer Landwirtschaftsschule.

Tücher: 7 Tücher, Baumwolle, Leinen; aus abgenützten Leintüchern zugeschnitten.

Vase: gebrannter Ton, in Brauntönen bemalt und glasiert; vermutlich Jahrhundertwende, spätestens 20er Jahre. Höhe: 29 cm; Sockel leicht beschädigt.

Waschmaschinenfenster: Reststück einer Waschmaschine, Resopalplatte, Schrauben und Nägel; 80er Jahre.

Weihwasserkesselchen: blau-weiß glasierte Keramik, Länge: 11 cm.

Zapfhahn: Holz, gedrechselt; wurmstichig; vermutlich neunzehntes Jahrhundert.

Zitzenbecher: Kübelmelkmaschine, Hersteller: Westfalia; um 1968.